U0111585

大展好書　好書大展
品嘗好書　冠群可期

大展好書　好書大展

品嘗好書　冠群可期

武學釋典
47

謝進富 編著

道家傳統太極拳拳理釋真

大展出版社有限公司

楊澄甫太師爺和張欽霖太師爺合影（摘自網路）

鄭曼青師爺和吳國忠老師合影

先師吳國忠攝於1992年

作者於1996年陪同吳國忠老師及美國凱文師兄
於西馬邦喀島旅遊途中

1994年於砂勞越姆魯國家公園與先師合影

1996年在新加坡國際神龍嘉會與師母合影

1988年與講師黃
性賢及同學合影

1996年於砂勞越古晉國際神龍嘉會矇眼推手比賽（中間為作者）

1994年與博士師兄喻永生、李志勇同攝

於砂勞越姆魯國家公園早起晨練纏劍

於台灣苗栗神龍太極山莊與老師伉儷及師兄合影

於台灣北投國際神龍嘉會與師兄姐合影

於台灣北投國際神龍嘉會表演拳架

作者攝於古晉世界神龍嘉會會場

作者與朱銘石雕同舞

作者於外場講課

作者於外場教拳

作者參加1994年馬來西亞國際神龍學術嘉年華會推手比賽冠軍

生死（武術）

健康（強身）

推手

其他

外金丹

拳架及劍
（兵器）

內炁功

無形功法

養丹

心齋

守丹

有形功法

太極拳的內涵概念

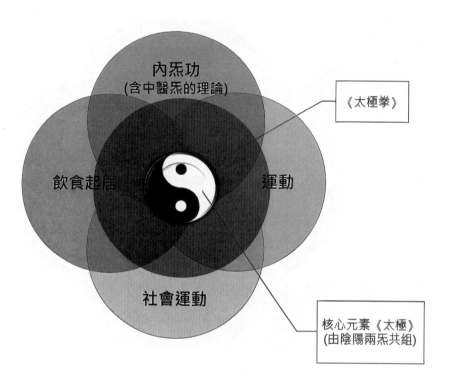

太極拳的涵蓋概念圖

自　序

　　太極拳是一門很獨特的武術，顧名思義太極拳是以易經（儒學）之學理及儒家中庸思想為中心；以道家無為文化思想為源頭；再加上佛家的慈悲捨己，逐漸融會演變出來。不但是中華文化的精華，更如鄭曼青大師所說：「太極拳是溝通中西文化的橋梁。」

　　由於太極拳理極其深奧，尤其是純道家的太極拳，是崇尚自然而然，無為而為，以至柔馳騁至剛，這種道家文化思想，常人或許得以理解其字義，但要付諸應用於武術，確是難之又難。這就是純道家的太極拳難以普及的原因。也由於太極拳理極其深奧，時下太極拳或已流於表演的藝術，或變成比賽的活動。觀兩岸太極拳界的表演或比賽實況，均不離乎力大勝力小，手慢讓手快，有違太極拳理論。

　　近代由於武器科技的興起，太極拳武術的技擊功能需求，幾乎已喪失殆盡，惟因太極拳鬆柔和緩的特色，極有益於人類的健康，普受中外學者的推

崇，世界各地學習人口眾多，其健身益壽的功能凌駕武術技擊的功能。

雖然如此，但太極拳畢竟是擁有豐富文化底蘊的武術，其武術功能雖不宜應用於解決鬥毆爭端，然而祂確能實踐無為而無不為、柔弱勝剛強、中正不偏等之哲理，是欲體會中華文化者身體力行之要道；其人不知我，獨我知人的武學聽勁涵養，是兵學家需求的涵養；其健體、強身、防身的功能，對強種、強國亦必有俾益，值得推廣全民學練。

筆者約於 1986 年接觸太極拳，勤練數年之後，於 1991 年起追隨吳國忠老師，修習鄭曼青師爺所傳純道家的傳統太極拳，至今近三十年如一日，不敢稍怠，雖自覺慚愧於所悟尚粗淺，然鑑於坊間有關太極拳拳理的書籍雖不少，唯能合乎道家思想與太極理論者，卻甚為少見。因此斗膽以易經太極的理論及道家無為而無所不為的思想角度，解析拳經拳論，以及將歷年所記學習心得，摘要集結成冊，藉拋磚引玉，並分享同好。

道家傳統太極拳內涵包括功、拳、劍、理、氣、象。功法請參看吳國忠所著《太極拳內（炁）功心法》、《中國氣（炁）功心法》；拳法請參看鄭曼青所著《鄭子太極拳十三篇》、《鄭子太極拳自修新法》及吳國忠所著《太極拳道幾》、《太極拳推手

竅正》；五十四式劍式劍法請參看吳國忠所著《太極劍法》；理、氣、象除依據以上各書外，亦依《黃帝內經》、《老子道德經》、《易經》、《中庸》等典籍之論。

作者拙於文章，僅憑急於分享的熱情，若有辭不達意處，還望讀者見諒與斧正。

目　錄

上　篇

拳經拳論解析

張三丰祖師太極拳論

註:「」內粗魏碑字體為《拳經》本文

「一舉動周身俱要輕靈」

太極一詞取自《易經》,「易有太極,是分陰陽」。易含有簡易、不易和變易,但是《易經》主要是講變易的哲學,「變」是由二個以上的因素湊合而成的自然而然的產生,《易經》把所有變的因素歸類於陰和陽兩種基本樣態,及木、水、火、金、土五種性質,亦即由陰陽相生、相濟、相消、相長及五行的相生、相剋而產生變化。

太極是泛指宇宙萬事萬物的總合,祂無形無象,勉強來說有如一個立體渾沌的圓,圓有圓心,太極一動立即產生陰陽的交變,而太極一動無有不動,太極內部的這種交變的陰陽對不是唯一的,整個太極內部的交變是數不盡的、無數的陰陽對,亦即一處有一處陰陽,處處總此一陰陽。而所有的陰陽變化會各有一個中心,這中心有如天平的中心支點,天平的中心支點使天平兩端的升降浮沉變化輕靈敏銳。或有如颱風的颱風中心眼,颱風以颱風眼為中心而帶動氣流迴旋;陰陽變化有一個中心,不

但使陰陽升降浮沉變化輕靈敏銳，且四面八方的陰陽變化也都一樣輕靈敏銳。

天平只有上下一個面向的活動，颱風則為立體的左旋迴旋，而太極則為無窮面向的活動。聚合無窮面向的變化而形成渾沌卻圓滿順暢，這些變化的中心就是中定或不易。

太極拳是宗法太極義理的武術，因此它是極注重「變」的因素及「應變」時的得機通達順暢。人的感應能力來自神經系統及行為習慣等，由感知到應變是否及時與適當，雖然和每個人之感應能力有關，但「輕靈」是必要條件之一，亦可說輕靈是變的基本原則之一，輕靈的效能是使阻力減少並且使能量損耗降低。

換句話說，就是己身不受，以使能量傳達效率高而靈敏，這有如一部機器的轉動順暢需要其所有車軸轉動圓滑輕靈。人體運動輕靈的前題是鬆柔，因為人體骨節的活動受到骨骼肌的作用，而骨骼肌的作用又受到神經及心理作用的約制。鄭宗師曼青先生強調鬆柔、鬆淨、強調不動手，實際上也就是在提倡由心理（神鬆）加上生理（體鬆）的正確放鬆而達到輕靈。

太極拳是武術，「一舉動」是武術的變之開端，因此周身俱要輕靈，是以我之輕靈變動，方能感知對方之遲滯。

一舉動周身俱要輕靈擺在拳經之起始，代表其高度的重要性。它為什麼重要？是因為太極拳與所有武術或者運動不同的地方，在於其它武術或是運動都強調力量、強調穩重，而太極拳卻是強調不用力、強調輕靈；所有的武術或運動都是在大量消耗身體能量，而太極拳卻是主張降低消耗能量並儲存身體能量。

輕靈的目的是要在練拳的過程中，儘量的減少身體能量的消耗卻能達到同等的運動質量，亦即是獲取最大的能量效度。輕靈的另一個意義是減少運動傷害，在太極拳運動過程中或接受外力衝擊過程中，由於身體的鬆柔與中定以及氣血的循環無礙，因而能減少運動傷害。

在武術應用來說：在接勁時，輕靈即能減少對方力量的衝擊，相對減少己方能量的對抗與消耗，成為較少阻力而更能易於達成陰陽相濟的平衡狀態，也因而能更完整的黏牢對方來勁；在化勁時，輕靈即輕虛靈活，它能極大的減少對方的衝擊，無阻滯的也就是消耗最低能量的走化對方來勁，使對方的感知系統來不及反應而落空；在發勁時，由於我之輕靈使對方來不及感知，因而也來不及反應而落空、而斷根，亦由於輕靈使能量不浪費，再由於陰陽相生相濟的轉換，使對方的來勁毫無阻滯，毫不打折的圓轉返還到對方身上，這也就是借力使

力、牽動四兩撥千斤的涵意。

　　另以生理機能來說，身體輕靈代表年輕健康有活力，要保持周身的輕靈需要周身身體組織機能都是最健康的，而時時保持活動輕靈的身體狀況，就是促進健康之道。拳經有句「壽人曰柔」，即是透過鬆柔的運動，保持身體的輕靈鬆柔而達到健康，進而達到長壽的目的。

　　一舉動是身體的始動，也代表太極之始動，而陰陽驟分之際，在身體是虛實的始分，此時身體也必須要分清虛實、不頂不抗、中定不倚、不用拙力，才能達到輕靈，而周身處處虛實分清、不頂不抗，雖定無常定卻不失中定，身體即處處輕靈，所以周身俱要輕靈亦即是必須周身俱要分清虛實。

「尤須貫串」

　　「尤須」代表非常必要的條件，在此即表示貫串是前句「一舉動」的非常必要條件。

　　何謂貫串？貫串在表面上是動作要均勻連續，圓轉滑順；在內涵上是一種行氣，也是一種勁法，它是由內而外、由下而上、由湧泉、尾閭、夾脊、游肘而行於手的節節貫串的行氣。

　　有如抽水機抽水，在管路內已先充滿水，馬達一開動，水就源源不絕的被抽起來，並且同時送出去，如果管路內未充滿水或夾有空氣，水就會

中斷抽不上來。再簡單的說，如同一條自來水管內已充滿水，尾端的水龍頭一開，水立即流出一般，水在管內的流動是，一動全管同時流動，這就是貫串之意。或以另一種方式來比擬，即如果有很多珠子中間都有通孔，假如以一條繩子從中孔穿過串連起來，只要把繩子往上一提，全部的珠子即貫串起來。

珠子有如身體的骨骸，繩子有如神與氣。前面已提到，貫串在內涵上是行氣及勁法，行氣及接、發勁時如能由內而外、由下而上、由湧泉、尾閭、丹田、夾脊、游肘行於手的節節貫串，則感與應能自然輕靈、順暢而無遲重斷抗之虞。

提到貫串，我們常常是把貫串和節節連在一起而形成節節貫串，就如同前述的把珠子貫串一起。但人們的思維往往太注意存在的節節骨骸，而忽略了節節貫串之意，重點在貫串之後所形成的無形的整體，這個整體就像一個無形的氣囊，已擺脫骨節的阻滯，因此才能鼓盪、才能完整一氣、才能一動周身全動。從貫串到整體，就如同從有形提昇到無形的階段。

「氣宜鼓盪」

氣充足則鼓，氣傳導則盪，內氣充足則容易運行傳導，氣宜鼓盪就是氣要充足布滿周身、且自然

運行不可遲滯之意。

　　此處所指的氣可指內氣，亦可兼具內氣與外界空間之大氣，由於內氣之鼓盪流布，所謂「同氣相求、同聲相應」，內氣透過皮膚表面而與外氣相摩相盪，可幫助神經系統感知外界大氣之流動，潛修久之，可更靈敏感應到、探測到周遭物體（敵人、對手甚至空氣之擾動等）之動靜，這就是聽勁的養成，也就是類似武俠小說中描述「忽覺一股暗勁襲來」之中的「覺」，亦有點像第六感的「感」，只不過這個感或覺是可透過氣之鼓盪等方式學習養成。

　　就初學者來說，打拳時要全身放鬆、呼吸調勻、神氣飽滿，如此在拳勢的動盪中，才可能驅使氣的自然的鼓盪，至於鼓盪的強弱和個人的修為有關，較為精進者，須能氣遍周身，使全身有如充滿氣的皮囊，氣是屬於流體，皮囊中的氣一動全動，毫無阻滯。

　　惟身體有二百多節骨骸，在有形的意識裡，如何能把二百多節骨骸消失而形成皮囊？這就牽涉到由節節貫串進化到完整一氣的進程。

　　須特別注意的是此鼓盪是在身體的放鬆及內氣的飽滿下，隨外形之動而自然的盪動，不可以刻意控制呼吸求之，亦不是繃緊肌肉求之，否則可能未蒙其利，先受其害。

「神宜內斂」

「眼為心之苗，眼為神之窗」，一般所說「神」係指眼神而言。神之內斂有內守之意，內守則不外馳，不外馳則不亂。內守是外守的相對詞，在打坐時神外守一處，但在練拳時，神宜內守，守在何處？以丹田為宜，一般所稱丹田有上、中、下三處，上丹田在二眉之間的玄牝處；中丹田在二乳之間的膻中；下丹田在二腎之間，臍下一寸三分處的氣海附近。

一般練拳時的守丹是指守下丹田而言，神守丹田易於排除雜念，且神與意結合，意屬心，心在五行屬君火，而下丹田位於屬水之二腎間，亦稱之為丹灶，引君火下守於丹灶，引燃灶火，溫養兩腎之水及溫熱命門之相火，除培養先天元氣外，亦使腎之精水氣化，濡養身體其它各個臟腑，以收水火既濟之功。

「神帥氣，氣帥血，氣行血行」，神既帥氣則神內斂氣亦內斂，則外無跡象，內能蓄養。外無跡象則人不知我；內能蓄養則得養吾浩然正氣。

神另亦有一意，即指元神而言，亦即是潛在的生命能源，元神內斂有元神守靜蓄養之意，外放則在於用，屬於消耗。就這意義而言，神宜內斂也就是神要以內斂來蓄養元神。

　　總之，不管是內守丹田或養浩然正氣或元神蓄養都是養生之要法。在武術上，神之內斂有「動中求靜」、「隱密企圖」、「蓄勁於無形」等之目的，而助「敵不知我、獨我知人」、「知敵勝敵」的功效。

「無使有缺陷處，無使有凹凸處，無使有斷續處」

　　缺陷、凹凸、斷續就太極拳而言皆是弊病。本段是指出前面「一舉動周身俱要輕靈，尤須貫串，氣宜鼓盪，神宜內斂」，這四句的執行時須避免的弊病所在，如有不輕靈則必有缺陷或凹凸或斷續存焉；如有不貫串則亦處處扞格、阻滯，而必有缺陷、斷續存焉；若有缺陷、凹凸、斷續則必氣行阻滯不順、神態不自然，氣也就難於鼓盪、神也就難於內斂；如此表現於形體則必難求舒適順暢。

　　太極拳的動作是走圓形或圓弧形路線，此即效法《道德經》之「直有窮、曲無盡」之要義，而所謂「缺陷」是在動作上馬馬虎虎跳過，使圓弧的動線上缺了一段，在防守上出現漏洞，使內氣上不能佈滿全身、不能全身鬆透之謂。

　　所謂「凹凸」在動作上是不熟練或不鬆柔或不均整或不知走圓弧，導致的不順暢及不圓滑，有如一條有銳角、彎折的線條，使其在內氣上是執著一

處，致使全身不能均整順暢，或是不知陰陽相濟之理而致過於陰虛或過於陽亢。

所謂「斷續」在動作上是不連續，時動時停，更談不上順暢，有如一條中間有許多中斷的線段，使其在內氣的行氣上，忽行忽斷，當然不是好的現象。無使有缺陷處，無使有凹凸處，無使有斷續處，就是效法太極的自然圓滿。

太極拳須能圓滿，在應用上才能使對方無隙可乘，再以我之圓滿為規準來核對並測知對方之缺陷、凹凸、斷續，則對方的一切狀況即可被我所掌握而無所遁形矣！

「其根在腳，發於腿，主宰於腰，行於手指」

本段是指行氣之法，也是說明發勁之法，鄭師爺曼青先生曾說：「**太極拳三十七式，行氣而已；發勁，氣到而已。**」因此本段是練太極拳法極重要的重點之一。

此處之「腳」，在廣義上是包括小腿以下的全部，在狹義上則指的是腳底的湧泉，比較精準的說法是須引用狹義的解釋。更精準的說法是包含湧泉之下的地底無形的氣根。身體有形有象的根在腳底湧泉之下，就如同樹的根一樣。古人說「真人之息以踵」即此之謂。

「腿」無疑的是泛指大、小腿而言，「發」就

如同種子之發芽，從湧泉下長出根元，同時亦往上至腿發出芽苗，這種行氣之法在長沙古漢墓群出土的利蒼夫人墓，所陪葬的行氣玉佩銘（一塊玉配上的銘文如附記）記載得很深入。

「腰」大約有三義，一是五節腰椎骨、二是腰骨周邊的身體而言、三是二腰子（腎）間的丹田，如以行氣的解釋來說似以丹田較為適當。

家師吳國忠先生曾告訴我們：鄭師爺曾說有形的重心在湧泉，無形的中心在丹田，無形無象的東西就是氣。心與氣相守於丹田，以心行氣，以氣運身，運而後動，而這行氣的中心就在丹田。因此也可說丹田是內氣的發動機、是行氣的主宰，因為丹田部位較為抽象，而丹田在腰，所以主宰於丹田，在通俗上說成主宰於腰。

氣由丹田下行實腳湧拳之下，同時向上萌發由腿上行經尾閭，一股回到丹田，另股會同丹田之氣透尾閭沿督脈上行，渡命門，過夾脊分行兩手臂，同時游肘行達於手指，最後再回歸到丹田，這就是整個太極拳一般的行氣之法。

以上行氣之法的描述雖有先後之分，其起點好似在丹田，其終點好似在手指，其實是一動全動的節節貫串，彷彿分辨不出何處是起點，何處是終點。依鄭師爺所說：「**發勁，氣到而已。**」則從湧泉、尾閭、夾脊到達於手指（或是任何與對手或外

物的接觸點）的太極拳行氣之法，也可說是太極拳
發勁之法。

「由腳而腿而腰，總須完整一氣」

由前段的注解，已經說明：丹田下行之氣與經
由湧泉上昇之氣是同時動的，不受骨節的羈絆且無
先後之分，亦即所謂一動全動的整勁。

練太極拳或發勁時，移位換形如能由腳而腿而
腰完整一氣，沒有丟、頂、斷、抗、凹、凸、缺、
陷，並且上身能保持平正牌位，即能得到平整的令
人難以捉摸的太極拳勁。

就太極的義理來說，太極是圓，是內含陰陽相
生、相濟的中和之氣，任一動作的此處如果是陽
消，其相對的另一處必須是陰長；有一對的陽消陰
長，另有一對陰消陽長與之平衡。

換句話說，太極拳的動作雖有由內而外、由下
而上、由腳而腿而腰而手指的原則，但仍不能違反
陰陽平衡、完整一氣的太極的大原則。

「向前退後，乃能得機得勢」

本句是承續上句之義，由腳而腿而腰，總須完
整一氣之後，向前進或向後退才能得機得勢。向
前、後退為步法，太極拳的步法有前進、後退、左
顧、右盼及中定五種，綜合前四種步法的定步可歸

納成移位、換形（旋轉）二法：身體重心從後腳移到前腳為前進、身體重心由前腳移到後腳為後退，此前進、後退屬於「移位」，身體重心做左右橫移亦屬於移位模式之一；而身形向左旋轉及向右旋轉為「換形」。

移位換形可單獨亦可同時進行，但都要合乎完整一氣的要求，才能始終保持行氣的順暢及身形的平整，也由此才能得機得勢。

所謂得機的機是動之微，是太極陰陽變動開始之剎那，也可說是機會的機，是動作時之空間三次元配合，加上時間成為四次元配合，成為恰到好處的狀態。

向前退後得時、得理、得法，才能清楚掌握任何陰陽、虛實、動靜變動的微小、微妙之處，因而才能從中體察對方動作不順暢的機會，並掌握那瞬間即逝的機會，以我之「虛」化彼之「實」，以我之「實」擊彼之「虛」，是為得機，以我之得機對他人之失機，優勝劣敗見矣。

所謂得勢的勢是指均勢的勢、神勢的勢、也是趨勢的勢，是掌握力量的表徵，也可說是掌握力量時的態勢，如此一解，則得勢二字明矣，因此得機得勢簡單的說，就是清楚掌握瞬間的機會，以我如理如法、如時之完整一氣，而由知機、知勢所自然形成掌握得機得勢的優勢地位。

「有不得機得勢處，身便散亂，其病必於腰腿求之」

首先探究為什麼不按由腳而腿而腰完整一氣的要領，便身形散亂而不能得機勢？太極拳是反求諸己的功夫，對拳理落實得越多則功夫越紮實，越能知道如何得機得勢，也越能掌握得機得勢。

由前述的「其跟在腳，發於腿，主宰於腰，行於手指，由腳而腿而腰總需完整一氣，乃能得機得勢」的拳理口訣，已經說明了得機得勢的要領，相對的，如果違背了這個要領。則易產生不得機得勢，因此在練太極拳或發勁時，如果覺得不能得機得勢，要反求自己在移位換形上有無按照由腳而腿而腰完整一氣的要領？如果不得要領，則要問你的太極拳老師有沒有教你這個要領？

如果你的老師大人也不懂這個要領，奉勸你不要自行摸索，趕緊找個懂得且練到的明師請教，因為這要領說起來不容易，做起來也不簡單。

向前移位起始前，一般也是發勁之前，重心開始在後腳（一般人習慣用左腳）；或向後移位之前，一般也是接勁之前，重心在前腳；或左右橫移之前（如：雲手）的實腳，此時以心行氣，以氣運身，丹田之氣下行沿實腳陰蹻達湧泉，同時地氣由湧泉沿實腳之陽蹻上行，透尾閭沿督脈而上，過夾

脊，最後游肘行於手指，這些在敘述上雖有先後之分，但幾乎都是配合身形的移動不斷的同動的，而且不能太執著想得太多，要在全身自然鬆透、無雜念、身形不可高低起伏、雙腳不撐不頂、實腳膝蓋對正腳尖、體內如鰻魚般蠕動等等的條件下達成。

要是移位換形不得要領，在自己獨練拳架時或許感覺不出毛病而自我陶醉，但一旦與人搭上手進行推手練習時，即會處處出現身形散亂、重心不穩的狀況，此即因完整一氣的基本要領未落實，造成不得機得勢。當然要回頭研究移位換形的「由腳而腿而腰，總須完整一氣」的方法，練成自然而然的習慣，以求徹底自我要求真正落實。

上、下、前、後、左、右皆然：太極拳步法除了前進、後退、左顧、右盼外，拳架上尚有上、下的動作（如單鞭下勢、金雞獨立等），在身形有上下動作的架式裡，要達到完整一氣是相當困難的，須先在水平架式裡勤練而領會要領後，再慢慢小心的練習上下動作的完整一氣的種種要求要領，其中很重要、時時刻刻、處處要注意的就是鬆柔，鬆柔是無止境的。

有形的東西裡最柔的莫過於水，水是流體、水無常形、水往低處流，因為它具有這些性質，因此當它遇到阻力時，都柔順的變化內在的力量結構以化解外在的阻力，且它可以蘊含無限的能量，這不

就是太極拳所追求的目標嗎？如果我們能效法水之柔順的萬分之一，那麼在任何動作、任何姿勢下要達到完整一氣並非不可能，只問你領會多少？學到多少？養成多少正確的習慣？

水還有一項非常重要的特質就是「漩」，漩是水轉化阻力的要素，當水流碰到堤防、岩壁、大石等的阻力時總會順勢旋轉，形成渦流之後揚長而去，水最大的破壞力就是漩渦，在水的漩渦渦流切割之下，再堅硬的岩石都會切蝕變成深潭、變成峽谷，再堅固的堤防都不能永保不被沖垮。因此鄭子太極拳的動作極重視漩，此漩是雙螺旋甚至多螺旋的旋，旋的總集合可說就是太極，而旋的先決條件就是鬆柔及上下前後左右皆須完整一氣。

陳氏太極拳的精髓亦與旋有關，他們用的另一種名稱就是纏絲精。上、下、左、右、前、後合計六個軸向，太極拳動作最艱深處莫過於一動無有不動，而一動無有不動至少要有此上、下、左、右、前、後六軸同動的基本元素。

在數學領域裡，六位元的計算可說非常複雜。因此在太極拳的領域當然不能一面練拳，或一面對敵時，還在盤算六軸如何同動？什麼時後手該擺在那裡？腳該擺在那裡？這樣是完全不切合實際。必須是平時如理如法，由淺入深，持之以恆的反覆練習而養成的一種習慣，這種習慣初期可受意念的控

制，最後卻要超脫意念而成為自然反應，萬不可固執於外在形象，卻於面對六軸同動，或者是一動無有不動的需求時束手無策。雖然上、下、左、右、前、後，一動無有不動、但有形之動的原點在腳之湧泉，這是不可忽略的。

「凡此皆是意，不在外面」

意者心也，太極拳以心行氣、以氣運身、運而後動、由內而外，凡有動作，皆從內在意念先起動，不從外在形象開始，因此說凡此皆是意不在外面。太極拳另有句名言：**意氣君來骨肉臣**，即說意氣是君主地位，骨肉的形體是臣佐，意氣屬內，君主為總指揮官；形體屬外，臣佐聽命行事。

熟習太極拳的人從與外界接觸後感覺到的訊息傳達於內，心意透過內氣及神經系統立即作直接的調適處理與應變，這種感應是透過正確與不斷的學習而形成的習慣模式所作的自然反應，而非隨便的肢體的自然反應。所謂用意不用力也是有此含意。但凡此皆是意不在外面並非否定外在形體、也不能忽略外在形體的重要，只表示在整個反應系統上，形體居於被動的地位，所謂不動手或捨己從人等，都是這種含意。

例如，汽車因為外形結構的不變，使開車者（意）的反應能及於車輪而使汽車能或行或停、或

直或彎、或快或慢；而人體形體的弓（結構）能維持不變，則意的反應能及於湧泉而達於全身欲到達之處。因此外形的不自動（維持結構的不變）是非常重要的。又有謂：「一動無有不動，一靜無有不靜」，外在形體的動，不動則已，如果一動則幾乎同時要全動。

「有上即有下，有前則有後，有左則有右」

此段句子的含意是在體現太極的內涵，大家都知道，太極動生陰陽，所謂陰陽在西方的說法就是愛因斯坦的相對論，陰陽是相對的二個現象，剛柔是二個相對的性質，上下是二個相對的高度，前後是二個相對的方向位置，左右也是二個相對的方向位置。簡單的說：有上即有下，有前則有後，有左則有右，就是陰陽的相生相濟，達於平衡。

以平衡的觀點來說，天平是個例子，一邊物體重量較多下沉時，另一邊必上浮，為相生，為不使它繼續上浮，須加以適當的重量使它平衡為相濟，前後、左右亦皆仿此天平之例，由相生相濟而平衡。在太極拳如有任一往上的動作或力量，必須有另一股向下的動作或內氣或內力以求平衡中定。前後、左右亦皆然。值得一提的，為求上下、前後、左右的平衡所作力量或能量的增減，不可直來直往，須尋圓弧螺旋行之，方能更為省力。

「若意要向上，則寓下意」

本句是陰陽的基本應用，由上段已知上下之相對類同於陰陽，有陰必有陽，陽消陰長、陰消陽長，陰陽相生、相剋以及相濟，最後取得平衡、中和、渾圓的太極，太極拳是應用陰陽變化的武術，因此處處都要懂得陰陽變化的應用。

意要向上代表意念這個小小的能量正要引領一個較大的動能力量往上，以陰陽的平衡的觀點來說，要有另股往下的意念來引領另股能量來與之相對才能獲得平衡，才不致上浮，這不獨太極拳需要如此，其他運動亦有類似要求。例如：在玩排球時候，二手掌如要接對方發來的很強的球，因為要往上把球拍起來，因此身體必須同時微微往下鬆使手微往下沉，才能輕鬆準確的把球拍起來。

在實際推手的應用上，如果意要把對方往上拔起的同時，要含有氣往下行到湧泉底下的意念，勁才發得出來，至於要如何往下行氣？身體動作如何配合，則非筆墨所能完全形容，須要明師實地指點，方得正確。

「若將物掀起而加以挫之之力，斯其根自斷，乃壞之速而無疑」

一般來說，掀起是往上之力，挫之是往下之

力，斷根是破壞穩固，攘之速是控制拋得快也要拋得輕鬆。本段是舉掀物之例對陰陽的應用作較細微的詮釋，多數人對此掀起之例子的意思的敘述，大概仍難有完整清晰的概念。其實含意和前段所舉打排球的例子差不多。

以下再舉一例，如要掀起一個重物（例如小汽車）是不是要身體往下微挫才容易使力？這還不太夠，使力把車子微微掀動的同時，立即再往下微放（也就是挫之意），使車子有些許的晃動，再順著晃動的慣性往上掀起，如此只要三、四人即可掀起上噸重的汽車。

在實際推手發勁的應用上，掀起而加以挫之和引進落空甚為相似，發勁時如一味將人往上發起，易引起對方的察覺而予頂抗或走化，難斷其根，此時需突然再更鬆一下勁往自己湧泉底下一挫，同時勁起湧拳地底，再順勢往前移位，即可擺脫對方的糾纏而將其拔根發出矣！

這種方式讓對方來不及反應就被發出，是先陰後陽的體現，也是陰陽相生相濟的應用。但這種功夫說的容易，實際運作起來可不簡單，必須從正確的拳架上養成正確移位的動作習慣，臨場時動作不能僵，意念不能濁，尤其挫的動作是以內動為主，外形不能明顯，更不可把挫當成蹲腿，外形明顯易為對方所聽知，而失「敵不知我、獨我知人」之

機。

「虛實宜分清楚，一處有一處虛實，處處總此一虛實」

太極動分陰陽，形體動分虛實。一般總是把虛實只當成體重在單腳承擔的比重，例如有五五半陰半陽之說，或四六、三七等等，未免失之狹隘。太極內含的陰陽是無所不在的，而陰代表了虛、陽代表了實。《易經》六十四卦內各有一百九十二個陰爻及一百九十二個陽爻來代表萬事萬物。人是一個小宇宙、小太極，不動則已，一有微動立即處處產生陰陽虛實。

譬如，手往前揮動時，則迎風面為陽、背風面為陰；雙腳分清虛實站立時，站立的實腳屬陽，與之對側之手亦屬陽，同側之手則屬陰；當對方來勁時，衝來之端處是陽、其背面是陰；接對方來勁時，己方接點如果使力與之抗衡則是陽亢，如果把來力虛柔走化掉，則己方接點變陰，己方的另一側則是陽生。太極拳的聽勁能力，主要就是以各種感覺反應系統分辨虛實的能力。

本段內容之意義就是在練太極拳的過程中，不管是單練或對練，都要分清虛實、都要了解處處皆有虛實。

單練時是分清自己形體內部的虛實及形體與外

部空氣相摩相盪所產生虛實的變化；對練時則不但
要分清自己的虛實外，亦要分清自己與對方互動所
產生的虛實變化。

在太極拳推手對練中有所謂沾、黏、連、隨的
要訣，即是透過對虛實分清的應用，若能隨時處處
去認真地分辨清楚虛實，則日積月累，所能分辨的
虛實會越細微及敏銳，則太極拳聽勁的功夫必然是
因此越練越精，功夫水準也就越練越高矣！

「周身節節貫串，無令絲號間斷耳」

在本篇第二段已提到「尤須貫串」之句，而在
此篇尾再次強調周身節節貫串，前面所講的貫串，
首在輕靈，本處所提到的貫串則更進一步包含了全
身的太極圓滿、湧泉有根、虛實分清、陰陽運用、
完整一氣等等，除須具形體的節節貫串之外，還具
內氣的節節貫串。

也就是說，太極拳不管是內氣的運行，或形體
動作的進行，都需要遵循周身節節貫串的要求，不
能有絲毫的間斷。一有間斷，則必產生凹凸缺陷之
病，有違太極拳的基本要求，此乃太極拳不進步的
主要因素。

不但不能間斷，更要注意不能有「絲毫」的間
斷，這是強調不能間斷的重要性，也是對學者進一
步較高層次的要求。

「長拳者，如長江大海，滔滔不絕也」

太極拳號稱長拳，在於它綿綿不斷、滔滔不絕，太極拳拳架雖有三十七式或六十四式或一百零八式等，都要把它變成有如一式，因為把拳架分成幾式乃是為學習的方便，實際上整個太極拳是需要綿綿不絕的，這也就是節節貫串之意。

從起式開始到收式止，每一式與每一式之間，或每一動與每一動之間，不論是快是慢，都要藉著圓轉來使銜接順暢，每一式的結尾其實也是下一式之開始，最後是不知何處是始？何處是止？由此而形成綿綿不絕。君不見長江之水，或平靜微波或波濤洶湧，總是後浪推前浪滔滔不絕嗎？大海之磅礴之氣勢更甚於此。而太極拳的滔滔不絕的態勢就如同長江大海的綿延不絕、浩翰無邊的氣勢，是不能有斷絕的。

「掤、攦、擠、按、採、挒、肘、靠此八卦也；進步、退步、左顧、右盼、中定此五行也。掤、攦、擠、按即乾、坤、坎、離四正方也；採、挒、肘、靠即巽、震、兌、艮四斜角也；進、退、顧、盼、定即金、木、水、火、土也，合之則為十三勢也」

太極拳名稱取自《易經》，實際內涵亦取諸

《易經》之義，易經之變易在於卦象上代表大自然的變化，《易經》的八卦即乾、坤、坎、離、巽、震、兌、艮，因卦象是代表大自然的各種性質而變化，它的性質就是金、木、水、火、土，天、地、水、火、風、雷、山、澤等等。乾為天、坤為地、坎為水、離為火、巽為風木、震為雷龍、兌為澤、艮為山等等。

　　太極拳的掤攦擠按牌位方正，就如同八卦裡的乾坤坎離四正方，採挒肘靠方向斜出，如同巽震兌艮四斜角。

　　金木水火土是五行也，五行有相生相剋而達到平衡的作用，金生水而剋木，金過旺時，雖可生水，但是太消耗本身能量，並抑制木之生成，須土來補充能量及須火來抑制金之過旺；木生火而剋土，木過旺時，雖可生火，但是太消耗本身能量，並抑制土之生成，須水來補充能量及須火來抑制木之過旺；水生木而剋火，水過旺時，雖可生木，但是太消耗本身能量，並抑制火之生成，須金來補充能量及須土來抑制水之過旺；火生土而剋金，火過旺時，雖可生土，但是太消耗本身能量，並抑制金之生成，須木來補充能量及須水來抑制火之過旺；土生金而剋水，土過旺時，雖可生金，但是太消耗本身能量，並抑制水之生成，須金來補充能量及須木來抑制土之過旺。

進為火、退為水、左顧為金、右盼為木、中定為土。掤、攦、擠、按、採、挒、肘、靠是太極拳的八門勁法，進、退、顧、盼、定是太極拳的五種步法，亦可合稱為八門五步，加起來就是十三勢。惟八門勁法雖隱含八卦的方位卦象，但只可了解其道理，不可拘泥於形式，且八門勁法內往往亦互相包含，如掤中含擠、採中含靠等等，勁法內又含有步法的五行相生相剋之理，因此只有如法認真練，而不可太拘泥於形式上的方位。

步法亦是如此，往往進中含退、退中含進、左含右意、右又含左意、中定中也含有局部的進退左右微調等等，因而無形中改變了內含的五行生剋，因此平時可以多加研究了解五行生剋之理，練拳中則不可太拘泥於五行的想法，但必須時時刻刻注意陰陽虛實之消長與轉換。

「以上係武當三張三丰祖師所著，願天下豪傑延年益壽，不徒作技藝之末也」

相傳張三丰祖師是武當山的開山始祖，而武當山相傳是與少林寺齊名之武林勝地，少林武功屬於佛門功法，被稱為外家拳功法；而武當山武功則為道家功法，被稱為內家拳功法，傳說是張三丰所創，本拳論相傳係張三丰所著，是真是假留待考古專家去考證。

　　學武之目的，在古時是防身禦敵，如今科學昌明、科技進步，武器性能一日千里，不太需要武術來禦敵。今日學武目的，除偶而防身之外，最主要的目的就是健身與強身，有了強健的身體，活得長壽的可能性相對可能較高。

　　太極拳結合易經、中國哲理及中醫醫理，對養生尤有所擅長及獨到之處，因此如潛心修習，對於延年益壽，必有所助益。因此張三丰祖師提出延年益壽與天下豪傑共勉。

　　【附註】長沙漢墓行氣玉佩銘文：「行氣，深則蓄，蓄則下，下則定，定則固，固則萌，萌則長，長則覆，覆則退，天機本在上，地機本在下，順此則生，逆此則死」。

貳

王宗岳太極拳補論

註：「」內粗魏碑字體為《拳經》本文

「太極者，無極而生，陰陽之母也」

　　無極者一片渾沌，無邊無際，無始無終，寂寂寥寥，當它始動之剎那，即生太極，太極一動，陰陽驟分，陰陽相交，產生變化，萬物興作，展現生機。因為陰陽是太極所生成，是太極之一體之兩面，故稱太極是陰陽之母也。

　　太極之象，渾渾沌沌，無大無小，可等同宇宙之大，亦可如粒子之微。不論其大或小均隱含陰陽兩儀，大者如地球，在運行轉動中有日夜之分；小者如原子有正負電之分。

　　陰陽者，相對之性質者也，相傳在古時候伏羲畫卦，是易經卦象的始祖，而陰陽二儀觀念已隱含於卦象之內，至春秋戰國之時，百家爭鳴，涵蓋陰陽兩儀的易學已很盛行，周文王被囚羑里而演易；孔子五十而讀易，韋編三絕，並作十翼以輔之。史稱易經為經學之首，可見一斑。除了易學之盛行外，陰陽之學在春秋戰國之時也自成一家。

　　至秦始皇統一天下，焚書坑儒，諸子百家各種

思想均受戕害，再至漢朝從董仲舒之議，尊儒而罷黜百家，則陰陽思想幾乎淪為卜筮之學，以致數千年之後，愛因斯坦氏的相對論一出，竟被尊為發明。而其實兩儀之論，中國在數千年前已有輝煌之發揚也。太極動生陰陽，陰消陽長、陽消陰長、陰陽相生相濟等的現象、原理，正是太極拳這門學問應用的基礎。

「動之則分，靜之則合」

太極一動，陰陽立分，萬物由是勃發生長，春夏是也；一靜則復合歸無極，萬物由是退藏於密，秋冬是也。這個道理乍看似乎沒有什麼高深的學問，但如要釐清楚動靜、開合與陰陽之間的關係，以及這些關係與太極拳之應用的關聯，又何以太極之妙用在於動靜所產生的陰陽分合之間？欲解這些謎題則不是件簡單的事。

在一般人的觀念裡，「動」有陽剛之美，應屬陽，而靜有陰柔之態，應屬於陰。事實上太極拳理並非單純如此。

鄭宗師曼青先生曾對動靜與陰陽的關係下過很好的定義，就是「**動則筋柔屬於陰，靜則氣剛屬於陽**」。這定義好像和一般人之認知完全相反，這就是一般人對太極動靜陰陽認知的盲點所在。

我們知道一座山很穩很靜的矗立在天地之間，

絲毫不動，我們說它具有陽剛之美，因此它是屬於陽的，一座大橋穩固不動的橫臥河川上，能承受巨大重力而不晃動，我們稱之為剛性足夠，它是非常靜的，卻也是屬於陽剛的；一個綵帶舞者跳舞時，人和綵帶舞動的非常柔美曼妙，因其舞動而展現柔美，我們稱之為陰柔，是屬於陰；水性柔弱，流水流過河澗，因為它流動的樣態非常悠然流連柔順，我們亦皆稱之為陰柔。

從這些例子就可清楚瞭解「動其實是屬於陰的。靜原來屬於陽的」。先知道了這些道理，才能真正去了解太極拳的動作為什麼是柔和的（因為由前面的舉例可知，「動」的自然天性樣態就是陰柔的），為什麼太極拳發勁不用自己的力打人，而被打之人卻感覺像撞到一堵牆一般被反彈出來？（因為太極拳者雖不用力打人，但需掌握的是動中求靜的靜），但是即使知道了以上這些道理，若因此困於「動是陰、靜是陽」的框框裡，還是不能真正懂太極拳的陰陽動靜。

因為動的天性樣態雖屬於陰柔（也可說動而生陰），但動能的本質是「有」、是陽的；靜的天性樣態雖屬於陽的（也可說靜而生陽），但虛靜的本質是「無」、是陰的。這寓含著陰中有陽、陽中有陰，陰消陽長、陽消陰長。也因為世上並沒有恆久不變的動，更無恆久不變的靜，萬事萬物總是動中

有靜、靜中有動，換句話說也就是陰中有陽、陽中有陰，陰陽相生相濟的。這也就是孤陰不生、獨陽不長的原理所在。

「無過不及，隨曲就伸，人剛我柔謂之走，我順人背謂之黏」

「無過不及」就陰陽、虛實、輕重而言，就是平衡，與儒家所說的守中，及傳統中醫所說的致中和相類同。

例如：設天平一端代表與我們對應的一方，另一端代表自己，自己一端的重量（施力）必須和另一端相同始能保持平衡，如果重量多一點點，己方就要下沉；如果重量少一點點，己方就要上浮。為了保持平衡，需要適時的適當移動自己的力矩，或增減自己的砝碼。

太極拳的聽勁就是需要以陰陽平衡為目標鍛鍊自己的各種感覺及應變能力，過與不及是說感應後的應變量過多或太少，兩者都是造成陰陽失去平衡的疵病。

「曲伸」就陰陽虛實輕重的意義而言是「應變」與「調整」的過程之一，也就是由感覺所獲得的陰陽虛實輕重資訊，運用某種應變或調整的過程（如曲伸開合等），使之平衡。「隨」的意思是跟隨、是捨己從人；「曲」的意思是圓弧形的彎曲、

捲蓄，「就」的意思是遷就、是被動順隨；「伸」的意思是舒展、是延伸。

在太極拳的應用上，「隨曲」就是在捨己從人的隨人同動的時候，將對方的力引進內蓄，動作的路徑是走曲線的，不能直來直往，因此隨曲含有由外向內的向心力的收斂的涵義。

「就伸」就是遷就對方之動而動時，接點處的動線有如身體的逐漸離心力的向外延伸（類似漸開線），就太極拳的走化應用而言，「就伸」大部分是由內向外的弧形伸展。

許多太極拳同道把隨曲就伸練成肢體手臂隨對方而彎折或伸直，折和直失去圓曲值得商榷。

人剛我柔謂之走，就是對方陽剛時我要以陰柔走化之，合乎順承及以柔克剛之旨，其意義某些程度上亦有如前述的隨曲之意涵，如果以陽剛對陽剛正面相應，則必然是力大勝力小，或難免二敗俱傷，乃外家拳應用之道。

太極拳則不然，係以陰柔走化對方之陽剛，將對方陽剛之力引化，同時間由另一端又還到對方身上，以克制對方陰虛弱勢的一面，這就是太極拳借力打人，四兩撥千斤的道理。

「我順人背謂之黏」就是我能掌握順勢並延伸此順勢，使對方勢窮而背，這種應或變的過程或技巧就是「黏」。

　　在某些意義來說，我順人背謂之黏和前面三句是緊密相關的，有了對陰陽的執中，才能中定，才能隨曲就伸，之後才能人剛我柔的走化，再之後也才能掌握我順人背，如對方的影子般隨著對方、黏住對方，亦有如見縫灌水、見洞插針，這還不夠，還要有如鄭宗師曼青先生所說的「**如水銀瀉地、無孔不入**」，方是真得太極拳之大成。

「動急則急應，動緩則緩隨。雖變化多端，而理為一貫」

　　本段詞句是承續上段的意旨，更具體的講「隨」與「黏」的動變方式，前面已提過，在接敵時要把自己變成對方的影子，如影隨形般黏住對方，隨著對方之動而同動，隨著對方之停而同止，對方動得急快時要能比對方還稍微快一點點，對方動作緩慢時，亦要和對方一樣緩慢的跟隨，這種動急則急應，動緩則緩隨的功夫也就是進一步要掌握「彼不動，己不動，彼欲動己先動」的基礎功夫。

　　太極拳的接敵有沾、黏、連、隨四個特點，這裡雖只提到黏和隨，其實這四個特點點都是相互類似、相互關聯的。

　　因為人是有思想的，因此有種種的意識形態，有種種的行為模式，要適切的因應人的種種變化而黏隨，其模式是變化多端的，面對此變化多端的動

向可能，如果不知執一以馭萬，則將治絲愈棼，自陷於困境，執一的「一」就是理為一貫的「一」，也可說是執中的「中」，就好像是颱風的颱風眼。也就是說學練太極拳要明瞭太極陰陽的道理，從這原理出發去探索每一個合理的太極拳動作及反應，進而修練這些動作及反應並養成習慣，則當面對變化多端的外在動向時，才能從容的權衡陰陽、虛實，做合乎太極拳理的，由內在到外在的肆應。

「由著熟而漸悟懂勁，由懂勁而階及神明」

太極拳的學習和大多數學問的學習一樣，是有階段性的，開始練拳架著式時，由完全不會，然後生疏的漸漸學會一點，稍有恆心一點的，便得學完了拳架，大部份的人初學了拳架便覺得受益很多，其實這時候所獲的好處只是運動帶來的好處，還不是功夫的好處。

拳架招式會了以後，天天練習，經常以「理」為準則加以修正，然後招式（著）漸漸純正熟練，這就是著熟，熟能生巧，因此漸能悟出一些勁道，這就是漸悟懂勁。

拳架熟習後，於練拳時不必分心於記拳架，較能放鬆心情、放鬆肢體。也由於拳架已經熟練，於練拳時能夠很流暢的演練，進而漸漸地把標準動作變成習慣，身體肌肉甚至骨節都較能鬆柔，身體鬆

柔後，氣隨體行，氣行無阻，氣行血行，四肢百骸更加通暢靈活，此時對身體機能的恢復與養護，及免疫的機制，幫助非常大，雖不能說百病不侵，但尋常病痛已可逐漸遠離，病痛減少則壽命自然較有機會獲得增長，此亦即所謂壽人曰柔，這時的收穫才是太極拳的真正好處。

太極拳之應用無招無式，也就是說不在於招式，是在於勁法。懂勁也就是懂得勁法的掌握，在太極拳的意義是掌握太極的陰陽虛實，在對敵的應用為知己知彼，掌握了太極的陰陽虛實，基本上也就是掌握了萬事萬物的陰陽虛實變化，那麼，除了太極拳武術之外，小到個人做人做事的道理，大到治國平天下，都可應用此陰陽虛實的變化而得到莫大幫助。

不測之謂神，我心如秤之謂明，所謂不測，就是經由知己知彼及純熟的太極功夫，以及昇華的氣勢，所表現出來的無名之勢可使對手感到的莫測高深；所謂我心如秤就是能立即感知及權衡輕重、緩急、方向、大小、距離等等，而產生適當的應變。

懂得了勁法，由日常恆久的練習及涵養，成了習慣或是成了自己的動作模式，則一舉手、一投足皆自然的合乎太極的道理，任一舉措都自然暗含了陰陽的變化，則此時對太極陰陽所衍生的任何變化的瞭解及應用，皆能自然地得心應手，這也就是進

到了所謂階及神明的境界。

　　從「由著熟而漸悟懂勁，由懂勁而階及神明」這段話，可整理出太極拳學習及進階的程序如下：

學習 → 問己 → 修正 → 著熟 → 問己 → 修正 → 漸悟 → 問己 → 修正 → 懂勁 → 涵養 → 階及神明

　　此程序雖和鄭師爺曼青先生的三階九級的程序畫分，有說法上的稍有不同，但其循序漸進的階層上的觀念是一致的。這個程序以漸悟為關鍵，漸悟這詞最常見於禪宗佛學方面，就禪宗來說，悟道有頓悟及漸悟，頓悟以六祖慧能為代表、漸悟則以五祖弘忍的首座弟子神秀為代表人物。

　　其實如深入分析，頓悟也可說是漸悟之精明者，因為六祖慧能在頓悟之前，其實是比他人先下了更多的苦功，即使在頓悟之後，也南下閩粵隱居潛修無數歲月，才能開山立宗，成為禪學一代宗師。

　　太極宗師王宗岳先生強調懂勁由著熟後漸悟而得，正說明了太極拳的精微勁法非一蹴可幾，須循序而漸進。

　　漸悟是以著熟為基礎，最後以階及神明為目標。著熟不必然能漸悟，有些人練了一輩子太極拳仍不能悟到太極拳的真諦，也就是這個道理。

　　著熟後能否漸悟，要問著熟的「著」對不對，

著熟的「著」字可當作招式講，但其實更適切的解釋為「達到」，達到什麼呢？就是達到太極拳的道理、達到合乎太極拳理的動作，及達到了解太極拳陰陽應用的微妙等，這些都達到且熟習之後，自然能漸悟太極拳的勁法，進到懂勁的階段。對懂勁有了領悟之後，用功涵養日久，方可達到階及神明。功夫是無止境的，單就「神明」來說也是有階段性的，階及神明只是達到神明階段的初階。

「然非功力之久，不能豁然貫通焉」

前面已說過，由著熟到漸悟懂勁，再進到階及神明，這段過程不是一蹴可幾的，也不是傻練苦練即能達到的。

必須是徹底瞭解太極的道理後，持續堅持正確功法，恆久的練習，長期的太極生活化，一旦真正悟道之後即水到渠成、豁然貫通矣，豁然貫通亦可說是頓悟的一種表現。

「虛靈頂勁，氣沉丹田，不偏不倚，忽隱忽現」

這段話是在形容正確練習太極拳時的狀態。「靈」是心意的昇華，也可說是「神」。頭腦是神明之府，因此神靈的駐在所是在頭部（頂）。

練拳時要用心用意，但這個心意需要放鬆、放

虛空、不能執著才會有靈性，靈要清明，清昇濁
降，靈明上昇又不能離乎軀殼，故有上頂之意，此
即所謂虛靈頂勁。要特別注意的是此頂勁非頂力，
故要虛空靈明。

　　氣沉丹田是太極拳的最基本需求，丹田指的是
下丹田，約在人體臍下一寸三分往內三分之一處，
中醫經絡學來說是氣海之所。沉是下沉，氣不是指
剛吸入肺部的空氣，而是泛指無形無相的先天內
氣；或可說是已進入體內細胞並已轉化為能的氧
氣；亦也許是如鄭師爺曼青先生所說的五穀精氣。
氣沉丹田的目的或作用有多種：

　　一是促進心氣合一、專心一志；

　　二是將無形的身體重心下降，使身體重心之平
衡條件更為良好，人體站立時，有形的的重心落在
湧泉、無形的中心在丹田（其實丹田也大約是在人
體的物性中心），氣沉丹田使丹田得成為人體中心
的指揮所，自然身體重心更易於平衡穩定；

　　三是蒸化水氣，使水火各不為患，進而水火既
濟（因為丹田在腎下、腎主水；氣隨意行，心意
屬火，引氣下丹田即有蒸化水氣達成水火既濟之
功）。鄭師爺曼青先生曾在《鄭子太極拳十三篇》
指出氣沉丹田猶不足，須心與氣相守於丹田，即是
要竟水火既濟之功；

　　其四是引天氣下降與上行之地氣會合於丹田，

促成天、地、人三氣合一，使天氣、地氣的能量為我所用，這項功能最為抽象，也非單純氣沉丹田所能達成，因此讀者如果不遇明師指點，不仿先當成神話姑妄聽之，他日有緣得明師再求可也。

不論是氣沉丹田或心與氣相守於丹田皆不可強沉或強守，亦即不可執著，有若「似有似無」般，此即不偏不倚、忽隱忽現之含意之一，因為執著易造成僵硬，僵硬易造成偏倚，與太極拳要求的中定要求相違，因此要忽隱忽現，亦即要毋忘毋助之意。不偏不倚忽隱忽現的另一層含意亦是和中定有關，中定由如秤之平衡，偏倚一邊即失去平衡，要達到靜態的平衡，需要有靜態的條件。

但世事是多變的，尤其太極拳是一種武術，它和對敵雙方是無時無刻不在互動，因此實質上難有真靜的條件，它是不斷的在動中求靜的，陽來要陰受，陰來要陽補，真正的平衡中定是忽隱忽現，霎那即逝的，也就是在與人的互動中須不斷的調整陰陽虛實而求平衡。

值得注意的是，這個平衡中定絕非單指體重重心的平衡，而是非常廣泛的，是處處皆有陰陽虛實，故處處務須求取平衡中定。

「左重則左虛，右重則右杳」

當左側感應到重力來襲時，左側放虛空，不受

任何來力，實來虛受的把來力化解於無形；當右側感應到重力來襲時，亦是同樣的處理模式，這個模式是太極拳化勁的基本要求之一，是太極陰陽應用的另一面相，亦即「先陰後陽」。

「重」表示一種力量或重力，也代表陽，「則」是表示必然的因果關係，虛和杳都是虛空、不受的意思。要真正領悟實來虛受並不是件簡單的事，它牽涉了感、知覺和反應這三個系統，感、知覺和反應又牽涉了心理的、生理的及行為的三個層面。

在心理層面上：

能不能徹底放掉人性想贏怕輸的心理，做到佛家所說的捨己從人？人類天生和後天的環境都是朝向爭強好勝發展的，而實來虛受的模式卻叫你在別人打你時，不能有絲毫的抗力、且不得懼怕，這與人性似乎反其道而行，因此絕大多數的人很難突破這層障礙。

要有如佛家所謂「放下布袋，何等自在」的徹悟，才能於突破這層障礙後，建立起先陰後陽、實來虛受的心理基礎。

在生理層面上：

人體的肢體結構的運轉及神經系統的反應都是

受自律神經或非自律神經系統的主導，其中非自律神經系統可受意識的控制：自律神經系統不受意識的控制，但可受到心理狀態的影響，心理意識的虛空清純能使自律神經系統的反應更為靈敏，可經由某些特殊的訓練而獲得一些影響。

武術上的互動最先接觸對方及感覺對方的部位大約是皮膚、肌肉及肌肉底下的骨骼系統，一般來說，以下意識放鬆皮膚、肌肉及骨骼關節，是促進感知覺系統敏銳，及「實來虛受反應模式」的主要基礎之一。

在行為層面上：

人較不受本能的制約，大都須有心理的因素才會產生行為的結果，但有些時候，重複不斷的行動可以改變心理因素或心理習慣反應，這種行為上的學習效果，西方行為科學家們已有很深入的研究，在此不再贅述。太極拳的改習慣的內涵即是經由長期、緩柔、單調、重複的動作來改變一些不合乎其拳理要求的舊習慣，並產生一個新的、合乎太極拳理的習慣。

另外，太極拳師法道家的無為哲學，最終目的還是大有為，實來虛受的最終目的是贏，故「左重則左虛，右重則右杳」不是單獨自存的功法，它必須伴隨在中定的狀態下，同時運用陰陽相濟才能發

揮其效用。

「仰之則彌高，俯之則彌深，進之則愈長，退之則愈促」

這四句話和前面左重則左虛，右重則右杳具有同類型的意義，合之為左右、上下、前後（進退）的任何外在影響。

仰之則彌高是在對手往上攻我時的走化，是運用「不受」，由於我之不受，使對手窮其極限而無所使其力，因此感覺有仰之則彌高、高不可及之態。但如何不受對方之力，化解對方的攻擊，是很艱困的課題，因為向上走化如不得法，極易造成根的浮動，根浮動重心自然不穩，則走化必然失效，所以必須要保持立身中正、不偏不倚；直有窮、曲無盡，要使對手窮盡，我方當然要走曲線，保持立身中正的曲線動作是旋轉。

氣是非常輕的物質，平常人們幾乎感覺不到它的存在，靠著氣流的旋轉，一旦形成龍捲風，與地氣連成一線，有若氣有根般往無邊的天際捲揚而起，這時就產生了可怖的向上的能量，龍捲風靠著旋轉與接地有根的特質，而發揮無比的效能。這種龍捲風的特質，就是我門在仰之彌高方面所效法的典範。要能旋得動，須先能骨肉鬆脫、皮肉分家、要接地有根，須先能立身中定、虛實分清。

　　俯之則彌深和仰之則彌高同樣，是用旋轉及不受來走化對手的攻擊，同時以立身中定來保持己身的平衡，不過它是向下的走化，以使對手感到深不可測。水性最柔、水性向下，水雖柔順但也最險，水最險之處在於漩渦，因此對俯之彌深方面是以水性為效法的最高典範。向下走化如能似水般不受、柔順、黏隨、則雷霆萬鈞之重亦可消弭，若如水般形成漩渦，則萬鈞之物體也要傾毀矣。

　　進之則愈長是指因我之走化，使對手感覺到已進攻到極限仍不夠長，意義就是我之走化要比對手更長，前面已提過曲則無窮，曲線旋轉的走化，使對手永遠覺得他老是覺得不夠長。

　　退之則愈促是進之則愈長的反向，也就是對手在後退移位時，由於我之沾黏連隨，使對手感到捉襟見肘非常侷促、始終無法擺脫，無法從容化解。我之沾黏連隨和前面所提到的一樣，要骨節鬆脫、要輕、要旋、要立身中正，搭到對手時所接觸對方的部位，在冬天只觸及衣服，在夏天只觸及皮毛，使對手聽不出我勁力的大小、方向、時機，自然就無法及時做出適切的反應而處處受制了。

「一羽不能加，蠅蟲不能落」

　　這兩句話正是「不受」的具體落實現象。一羽形容極輕，在天平上我方如砝碼。

　　一方來的任一絲的重量也不受，要立即反應，隨他浮沉，這就是一羽不能加；蠅蟲要停落之處，只須要極小的承載力，連這麼小的承載力都不給它，則蠅蟲不能停落，這代表在對敵時要非常輕靈，一絲一毫的僵力都不能有，以免為敵方所感覺，而有所反應。

　　這兩句話說起來簡單，但實際上它是一個極高的水準，可能還沒有人能窮一生之努力而真正達到這水準的，因為人終究是人，不是神，人有血肉之軀、人有重量、人的骨骸關節有其動作的阻力及作用的限制，不可能處處、時時都保持輕靈到幾無質量的地步，因此只能以它當為指標，以前面所說的「左重則左虛，右重則右杳，仰之則彌高，俯之彌深，進之則愈長，退之則愈促」裡所說的要領方法去練，即能把握正確的方向，朝著這正確的方向去努力，則太極拳輕靈的水準就能逐步提高。

「人不知我，獨我知人，英雄所向無敵，蓋由此而及也」

　　「人不知我」代表動作企圖及行蹤隱匿；「獨我知人」代表情報靈敏、判斷準確。就軍事行動來說，「人不知我，獨我知人」是軍事情報的最高作為，是軍隊戰無不勝、攻無不克的基礎；就個人武術的太極拳來說，「人不知我，獨我知人」是聽勁

的最高修為，因此是英雄所向無敵的門徑。要「人不知我，獨我知人」，基本上必須要從前面自虛靈頂勁……到一羽不能加、蠅蟲不能落的要求上下工夫，這些功夫落實之後，將產生兩項特質：

一、身體對體外資訊的感覺、探測及輸入系統會更敏銳而確實。

例如：皮膚感覺會更敏銳、神經系統之傳遞會更迅速而適切，循環系統會更順暢及緩和，以支應體內的各項功能需求。

二、身體接收資訊之後的反應，更迅速並且合乎太極理論要求。

例如：迎面有千鈞之力襲來，首先視覺系統收到訊息後，迎上雙手做觸覺上的接觸，由觸覺測知來力方向、大小、遲速等，隨即以平素養成的獨特的太極不受的習慣反應，將來勢引入湧泉作為接力的重心，但與來力接觸點或承受來力的身體內部構造，必須鬆柔的、不受力的、也比來力更快一點點的順著來力的方向略帶著牽引、迴旋，把來力以離心力化開（化勁），或使之迴旋轉向回去（發勁）。因為這個反應過程是在須臾之間，非常快速而且不受力，不給對方感應到任何具體力量，或即使感覺到了卻來不及反應，故使對方是在不知不覺中間被化空或被發勁。

必須說明的，任何功夫均有其高下精麤的層

次，「人不知我，獨我知人，英雄所向無敵」是最高層次目標，必須在太極拳基礎功夫上點點滴滴的累積，及長年累月的改習慣、養習慣。經過一段期間之後，你對一個太極拳新手演練推手時，也許已稍能「人不知我，獨我知人」樂趣，但如遇到比你功夫高的前輩，結果可能將變成「我不知人，獨人知我」，由此可知太極拳是學無止境的。

「斯技旁門甚多，雖勢有區別，概不外壯欺弱慢讓快耳」

所謂旁門就是不合乎太極拳理的拳技、拳法，這類的太極拳不僅在王宗岳先生的年代甚多，在太極拳逐漸普及的現代也很多，甚至佔了主流的地位，這些不合乎太極拳理的太極拳有很多派別，招勢各有不同，這類的太極拳所強調的、所表現的不外乎身體強壯的勝過身體羸弱的，動作慢必輸給動作快的。

壯欺弱、慢讓快是太極拳以外的所有武術運動的特點，是一般的常理，因此一般的武術運動必須把身體的肌肉鍛鍊得強而有力，也必須把出拳踢腳的速度訓練得又快、又狠、又準。

真正的太極拳往往是反常理的，偏偏要求以力小勝力大、以柔克剛、以弱勝強……等，和一般人的思考邏輯及認知都不同。因為太極拳純粹是以易

經的太極陰陽為基本理論，所建構及發展出來的拳術，它受中華古老文化的薰陶，傾向於道家自然無為的傳統，而又有儒家中庸的思想。它是運用太極陰陽的變化的原理及無為、捨己的手段，將外在的所有力量產生可控制的變化，而從變化中取勝。這個控制的中心有如颱風的颱風眼是無形的、安靜的、是中定的。

「有力打無力，手慢讓手快，是皆先天自然之能，非關學力而有為也」

先天自然之能指的是大自然界動物性的本能，即弱肉強食、適者生存，就如西方哲學家達爾文的進化論所說的。人類的知識文明未發達的遠古時代，與獸類爭奪生存空間，就是靠這動物性的本能，那時候的人類體能可能比現在強壯多了，但壽命卻沒有現代人長，原因除了醫療技術的落後外，養生知識的匱乏是主因。至人類文明慢慢進步之後，養生的哲學有了長足的進步，例如約兩千六百年前老子就提出了專氣致柔的觀點。

不論動植物，剛出生時大都是柔軟的，年紀愈大愈接近老化時，體質就逐漸趨於剛強僵硬，專氣致柔是要回反嬰兒的柔弱，此和動物本能的體質成長習慣相反，必須透過充分學習及不斷再學習的過程，才能超脫原來的以力大勝力小的本能。

這種學習除了動作的傳習之外，知識、理論、文化等的修養都是非常重要的，這也就是太極拳被稱為文人拳的原因。

「察四兩撥千斤之句，顯非力勝，觀耄耋能禦眾之形，快能何為」？

拳論有云：「牽動四兩撥千斤」。以四兩撥動千斤在常識上絕對認為是不可能的，因此不能以常識上的認知，來以力量的大小比勝負。對於沒有生命的物體的互動，絕對是依一般力學的原理，人是有思想、有主見的動物，他用力的時空、大小、快慢等受到意識的控制，而他的意識受到平常的思想、觀念、習慣、心理因素及關鍵他人等之左右，因為太極拳這項武術是和他人全面性互動的，它和太極這個名詞一般，是圓整的，它不是單純以力量的大小來比較，所謂圓整就是全面性的，是至少包含以下幾個因素所構成的整體：

一、是以感、知覺與反應作用的敏銳達成沾黏連隨、不丟不頂、不失中定的基本要求。

二、以專氣致柔促進緩節筋柔、骨實、鬆淨自然的氣機。

三、對太極拳理的充份理解體會、落實而掌握陰陽的相生相濟變化，及剛柔之相摩盪、相生剋變化，以及太極中心之不變，這種「變」是羅漢當前

能將其變為三尺孩童玩弄於股掌；這種「不變」是雖雷霆萬鈞之勢撲來，仍要氣定神閒、中定不倚、不丟不抗，才能在心理因素上先勝敵一籌。

四、以曲線圓弧螺旋化解直衝，以輕靈、鬆淨隱藏自己的動向企圖。

掌握太極的整體，則雖耄耊，乃能以一敵眾、不必憑藉手腳的快速與否。

立如平準，活似車輪，偏沉則隨，雙重則滯。

平準是當水平儀的準心水珠在中心位置時，代表所量測物體是水平的，或代表所量測物體是垂直於水平的（直角的水平儀）。立如平準是當我們站立時，百會與湧泉的連線要垂直於水平面，要如此必須做到虛實分清、虛靈頂勁、尾閭中正神貫頂。

如此這般則身體將能如車輪一般，對應著百會湧泉這條軸線靈活的轉動，這種靈活度亦有如車輪或車軸一般，如遇到偏沉一側的力量，即會隨該力量轉動。如果虛實不分，就會形成兩個重心，這兩個重心就無法和百會這個頂心形成一個軸心，身體便沒有轉動的共軸，因此轉動無法靈活，所以稱作雙重則滯。

雙重除了雙腳的虛實不清的問題之外，其實全身任何部位都可能造成雙重的問題，《拳經》所謂：一處有一處虛實，處處總此一虛實。即告訴我

們，身體一產生動態，包括與任何外力的互動時，身體的任何部位，尤其是與外力的接觸點部位，都要順著陰陽的消長之理產生虛實。如果不能產生虛實，就會出現雙重的問題，同時也出現頂抗的問題，有了頂抗自然就出現對峙，使外力滯留身上而不能及時將外力化解，由此可知雙重則滯的問題，是處處都可能存在的。

「**每遇數年純功不能自化者，率自為人制，雙重之病未悟耳**」

純功就是精純的、或者是純熟的功夫；自化是自我轉化，或是自我化解。有數年純功不能自化終究是死功夫，仍不能轉化為可用的武術，仍難登武術的殿堂，結果在對敵時，敵方並不一定是有什麼好功夫可以勝過你、制住你，而只是因為你的雙重，自己把自己困住了，以致不戰已先敗。如此作繭自縛的原因就是沒有悟到雙重的毛病，如果雙重，遠的不談，前面的立如平準、活似車輪、偏沉則隨的味道一定體會不到，那麼即使學再多的功夫，仍舊沒有得到太極拳的用處，嚴格來說，雙重之病未悟，也就是未悟到太極陰陽的最起碼含意。

欲避此病，須知陰陽。

因為雙重之病未悟的原因是不知道太極陰陽的

含意，解鈴人還須繫鈴人，所以必須先知道陰陽，才能避免此病，這個知不是表相的知，而是真知，必須是從理上、從體驗上、從落實上徹底的了解陰陽的含意，及了解太極陰陽在太極拳應用上的關聯，才能稱做知陰陽。

「黏即是走，走即是黏，陰不離陽，陽不離陰，陰陽相濟，方為懂勁」

本段就是落實陰陽的方法，並且由知陰陽的相生相濟進而達到懂勁之階。黏即是走，是先陰後陽的「先陰」，也是捨己從人的落實，黏即是走的最具體、最完美例證是「影之隨形」，只要有光的地方，則光影之黏住身形，必是無時不在、無所不在的，不論你走到哪兒，它永遠的跟著你走，你永遠沒法抓住影子、沒法消滅影子，它如幻似真，如真又似幻。太極拳的黏與走化，就是要致力於「如影隨形」。

走即是黏是陰陽相濟的落實，這個黏是先陰後陽的「後陽」，從這面走化之後，從另一面仍然要黏住對方，此亦即所謂「化空要補空」，才不至於落空。陰消陽長，陽消陰長，陰不離陽，陽不離陰構成陰陽相濟的圓融太極，這在太極圖象上可看得很明白，在實際上太極拳推手的沾、黏、連、隨就是在拳勢動作架構的基礎上，演練這些陰陽虛實的

互動關係。

　　練太極拳須能瞭解、體會、並落實這些哲理，才是實際的懂得勁法，否則就是前面所說的雙重之病未悟，永遠無法進入懂勁之階。

　　「懂勁後，愈練愈精，默識揣摩，漸至從心所欲。」

　　由知陰陽相濟而懂了太極勁法之後，還只是入門、只是基礎的功夫，必須還要不斷的練習那些已確定契合於拳理拳法的動作，使之更精純熟練，此即所謂「會的先練」；由此再舉一反三，對自己不太會的地方，用心觀察體會、用心揣摩，甚至對生活周遭的萬事萬物，都要用心去觀察它和太極拳理的關聯有哪些？它的奧妙在哪裡？進而揣摩它的那些合乎於太極拳理的動作，久而久之，會使你對太極勁法的體認更為豐富而趨於完整。

　　從心所欲是超脫於章法而不失章法，是指藝術方面的成就登峰造極之後，不受章法成規的羈絆而自成章法，例如書法的草書等。太極拳武術遊於藝、近於道，它在達到相當程度的水準之後，是可視作一種藝術，藝術在修習階段，一定要依理依法，不可稍有踰越，到理法已成為習慣之後，即可超脫理法，從心所欲，變成一種癮、需要細心的品味，玩出太極拳的味道，這時太極拳是你，你是太

極拳，合而為一了。

「本是捨己從人，多誤捨近求遠，所謂差之毫釐，謬以千里，學者不可不詳辨焉，是為論」

所謂「本」就是根本、最起先的，就如樹苗先要生根才發芽，這個根就是樹的本。本拳論對太極拳所立的本是「捨己從人」，意味著太極拳的應用是以捨己從人開始，這真正合乎先陰後陽，以進乎以天下之至柔馳騁天下之至剛之理。

但許多學拳者甚至太極拳名家，對太極陰陽的含意不能透徹了解，因此對先陰後陽、以柔克剛的應用毫無信心，因此遠求之於外家拳的陽剛力道與硬橋硬馬之站樁，雖然練出孔武有力的體軀與一身的蠻力、或練出比常人稍快速的手法，與人一接手總是企圖以本身力量及速度求勝，形成前面所說的「有力打無力、手慢讓手快、雙重」的弊病，這些與太極拳的基本特質不相干或甚至相悖的內涵，是越練離太極拳的宗旨越遠。

萬事慎於始，須知開始的時候差一毫釐，時間越久差別就越擴大。例如兩條同一起點的直線，如果方向角度差一點，則直線畫越長，兩直線遠端點之間的距離就越遠；又例如同在台北車站出發到宜蘭，大約是須往東南方走五十公里，如果錯往

西南方走五十公里可能到了新竹，知道走錯之後，從新竹要回頭走回台北才能再走往宜蘭，如此共要花二、三倍的時間才能到達目的地，這就是差之毫釐、謬以千里的含意。

　　對太極拳來說，捨己從人是直通目的地的近路，其它不合太極拳理的東西是遠離目的地的遠路，所以王宗岳先生才會在本拳論裡語重心長的說：本是捨己從人，多誤捨近求遠，以至造成差之毫釐謬以千里的後果。凡是愛好太極拳的同道，不可不詳加辨識。

參

十三勢行功心解

註：「　」內粗魏碑字體為《拳經》本文

「以心行氣，務令沉著，乃能收斂入骨」

　　以心行氣的氣是指體內的元氣，真氣、正氣、精氣、與血脈同行的氣或浩然正氣的氣，而不是單指由呼吸道所呼吸的空氣，否則便不須以心行氣，呼吸器官便能自然運行。不過，雖不是指呼吸道所呼吸的空氣，但是它卻須與呼吸同步進行，而且亦有某些程度的相關。

　　以心行氣的重點在於「沉著」，沉是下沉，所謂氣沉丹田也，著是固著，是定、是靜、是安也，合之而為定而後能靜，靜而後能安，安而後能慮，慮而後能得。氣沉丹田之後，以丹田為中心保持中定，心氣相守於丹田，靜養腎（腎屬水）之精水（主要為營養物質非指生殖之精），使精水蒸化而過尾閭渡命門，形成河車倒運，終而收斂入骨，充實骨髓，使身體強健安康。

　　就中醫來說腎亦屬骨，腎水充足之後，自能收斂入骨，充實骨髓。古人說：**虛其心，實其腹，強其骨**。與以心行氣，務令沉著，乃能收斂入骨之義，不謀而合。因之，以心行氣的心，必須是虛心，不可執箸。

「以氣運身，務令順遂，乃能便利從心」

　　太極拳的運動講求以心行氣、以氣運身、運而後動。以氣運身務令順遂的意思是，要求在行氣運身時通暢無阻，要如何通暢無阻呢？

　　武術派別眾多，但不管是那一派，幾乎一致都會認為要體內鬆柔、鬆淨，才易行氣順暢，太極拳這門武術更是強調鬆柔、鬆淨，主要的原因就是確實全身鬆柔後，以氣運身才能順遂，所謂體內鬆淨氣騰然也。

　　體內鬆淨是包括精神及周身筋骨、肉體都要鬆

開，神能帥氣，精神能夠放鬆，則才能輕鬆帥領氣之運行；當肌肉鬆開之後，肌肉內的筋膜、血管、神經、經絡系統才能不受壓迫，發揮最大的效能，因為肌肉鬆開之後，骨節才能鬆脫，而骨節處係血管、神經、經絡匯集樞紐之處，骨節放鬆有助於避免對血管、神經、經絡形成壓迫。

如果氣是與血、神經、經絡相關的東西，則骨節放鬆當然亦有助於對氣之運行順遂，對行氣順遂有絕對正面的影響。

以氣運身、運而後動，內氣運行順遂則心無罣礙，心無罣礙則心情輕鬆舒泰，心情輕鬆舒泰又能使肌肉筋骨更加放鬆，形成一個正向的循環鏈，這個循環鏈從心開始，故為便利從心也。

心者意也，心無罣礙則行氣用意可輕，似有似無、毋忘毋助，太極拳運而後動的運和動是接近下意識的習慣感應，不可執著於運而後動之意。因所用心意很輕，輕則靈明、無所蒙蔽，以致感應更為靈敏順遂，此又構成另一個正向的循環鏈，這個鏈的源頭也是心，故亦為便利從心也。

「精神能提得起，則無遲重之虞，所謂頂頭懸也」

這段話是延續上一段話的旨意，行氣順遂乃能便利從心，心之精粹者為神，能夠便利從心，心即

靈明，心能靈明如神，即能使精神提得起來，精神提得起來便能促進身體的動作輕靈，而避免遲鈍笨重的毛病，這一連串的關聯還須有一個前提，那就是頂頭懸。

頂頭懸就是好像頭頂心有一髮辮輕輕往上懸起，使身體有如自然下垂於地面，亦即使頭頂心與實腳湧泉似成為鉛垂的中軸線，因為頂心似有能量往上提起，因此身體的動作會輕靈許多，也因為頭頂心與實腳湧泉形成了似有似無的鉛垂的中軸線，所以身體的運轉活動都以此中軸線為中心，使其運轉活動如陀螺或電風扇般輕靈。

「意氣須換得靈，方有圓活之趣，所謂轉變虛實也」

這段話是再延續上一段話的旨意，上一段精神提得起是注重無形的東西，其重點在頂頭懸；本段意氣須換得靈是從無形的東西，部分逐漸轉變為有形的東西，其基礎則在轉變虛實，有形的東西需要無形的意氣的統整及引動。

太極拳的主旨是圓融，而太極拳的妙趣在於圓活，要得此妙趣則需先要意氣輕靈舒暢，心意一啟動立即氣遍周身，意氣一到，四肢百骸靈活聽之、應之、隨之，無所阻滯。

但如果意氣要能靈活指揮四肢百骸，則四肢百

骸的運動，尤其是與對手的互動時，須能徹底的分清虛實並從而轉變虛實，更須在轉變虛實的過程中仔細去覺察何處是實？何處是虛？何處須實？何處須虛？為何要變實？又為何要變虛？總之，須心氣沉著、氣遍周身而順遂、虛靈頂勁，以之分清虛實；加之轉變虛實時平整均勻、實來虛受、沾黏連隨、如影隨形，如此乃能意到、氣到而形隨，亦即意氣能換得靈，而得圓活之趣。

「發勁虛沉著鬆淨，專主一方」

一般太極拳學者對太極拳最大的興趣大約都是發勁，而覺得太極拳最困難的地方也是發勁。嚴格來說，發勁是個人所學太極拳技藝之總合，加上臨場時精神、體能及環境互動等因素狀況的霎那表現。如果一旦能達成自我所設定的發勁目標時，個人就會產生一種自我實現的滿足感，太極拳發勁之迷人處也在於此。發勁須沉著鬆淨，專主一方是指發勁的臨場時所須注意的因素。在發勁前所須具備的基本條件，至少涵蓋了本篇行功心法的一切要求，尤須注意落實。

沉著包括心神與氣，對敵時對方有壯碩、有羸弱，對於壯碩者不可心存恐懼，心有恐懼則神怖氣餒，對於羸弱者不可心存輕忽，心有輕忽則神散氣失。無論對手是誰，心氣總須要沉著鬆淨，沉著時

心情沉靜、氣沉丹田，沉著才能氣定神閑，氣定神閑則心靜體鬆。氣定神閑心靜體鬆之後，聽勁才能靈敏，然後才能將生平所學的太極拳技藝充分發揮出來。

專主一方就是要有目標有方向，太極拳技藝發揮出來之後，如果沒有命中目標方向，仍然未達目的效果，因此要專主一方，此「一方」是從接點穿透對方中心再延伸到其接點背後的直線方向。太極拳技藝功力有相當基礎者，加上沉著鬆淨、專主一方，則在推手應用時可輕易破壞對方之中定，拔除對方之根勁，使對方自然兩腳離地而飛出。

「立身須中正安舒、支撐八面」

太極拳的動作皆是在站立中進行，在各種站立姿勢與不同站立姿勢的轉換間，其立身姿勢都要保持中正安舒，亦即所謂身體牌位的平整，以及身體的平衡與平穩舒適。八面是指四正、四斜八個方位，亦即乾、坤、坎、離、巽、震、兌、艮八卦，代表身體周圍的一切方向。

立身須中正安舒，有如傳統木工所建之屋樑節節落榫；或有如天秤之平衡，不偏不倚，使得各方面都獲得均衡中定，身體在這種狀態時最容易放鬆。維持中正安舒之後，相對的能靈敏感應四面八方來的推或拉之阻力，並以變轉虛實與移位換形靈

活因應，從而安舒的支撐八面。

在太極拳的的基本要法裡的尾閭中正，虛靈頂勁的主要訴求之一即是立身中正安舒、支撐八面。

「行氣如九曲珠，無往不利(氣遍周身之謂)」

何謂九曲珠？似乎可從鄭大師曼青先生曾引述孔夫子的故事說：「……九曲明珠穿不透，回頭還問採桑娘。」這句話露出端倪。從這句話看出九曲珠中心有孔洞可供穿線，作用可能是把許多的九曲珠連結貫串起來。鄭大師曼青先生曾說：太極拳，行氣而已；發勁，氣到而已。行氣的路徑佈滿全身四肢百骸及奇經八脈，如蜘蛛網一般。在這比蜘蛛網還要密佈的竅隙中行氣，就有如在許多九曲珠的孔隙穿線，須節節貫串、處處皆通。能行氣處處皆通、節節貫串，即能無往不利，換句話說，這就是氣遍周身之謂。亦即說明行氣如九曲珠是在比喻內氣在體內關竅運行的通暢與綿密。

氣遍周身，除了全身行氣四肢百骸及奇經八脈外，我們人體內之皮與肌肉間、或各層肌肉間、或肌肉與骨骼間、或內臟周圍，都有一種網膜，這種網膜也是我們人體行氣的路徑，這種網膜就好像車輪之內胎，鬆開之後方可有助於充氣與行氣，因這種網膜遍佈身體，因此若全身網膜鬆開，即可大有助於氣遍周身。

「運勁如百煉鋼，無堅不摧」

立身須中正安舒、支撐八面主要是作用在太極拳的形；行氣如九曲珠、無往不利主要是說明太極拳的行氣；而運勁如百煉鋼、無堅不摧，則是說明太極拳具備相當功架（形）與行氣的基礎之後，運勁的效果。

而運勁如百煉鋼這句話，很容易造成一般太極拳學者的誤解，誤認本篇所主張的太極拳勁是剛強之勁，與太極拳主要的論著所主張的陰柔之勁不一致，以致迷惘而無所適從，以致許多人因此捨陰柔而就剛強，有失太極拳先陰後陽、陰陽相濟的外柔內剛的本旨。

其實運勁如百煉鋼所要強調的不是剛強僵硬的剛，而是「鋼」與「煉」字。生鐵質剛性脆，須經無數次淬煉之後才能去除內含的雜質，變成含有柔性、有韌性、有彈性，但硬度、強度都更好更大的優質鋼，這種鋼是製作刀劍的上等材料，所製作刀劍能吹毛斷鐵，因此可稱之為無堅不摧。而太極拳的柔勁就是如百煉鋼之柔，是經過千百次淬煉之後所形成之柔，是可攻堅挫銳之柔，所以運勁如百煉鋼的鋼是相對於生鐵所沒有的彈性柔勁，因此運勁如百煉鋼這句話裡所運之勁，須是百煉鋼之彈性柔勁，如此則與太極拳理論相契合。

「形如搏兔之鶻；神如捕鼠之貓」

鶻是似鷹而略小的大鳥，飛行得很快，性敏銳，善捕兔，鶻之捕兔是於空中先盤旋找好目標，然後對準目標順著氣流盤旋而下，一搏而中之後，迴旋昇空，揚長而去，其形旋動而流暢。太極拳的形就是要彷彿鶻之捕兔，優游迴旋而變轉流暢，感應敏銳而準確。

本門太極拳「起落鑽翻」之功法的功效之一，即與此說符合。

貓之捕鼠，眼眸凝視、毛豎立、背拱起，而有蓄而待發之勢，其神態因蓄勢待發而有不怒而威、震懾鼠輩之威勢。簡言之，貓之捕鼠，重在神凝目標及蓄勢待發。

太極拳理之「神宜內斂，涵胸拔背，虛靈頂勁」等之口訣，及太極劍法的「靈貓捕鼠」招式等，所欲表現的神態與神韻，即相似於捕鼠之貓。

「靜如山岳，動如江河」

山岳永恆沉靜的處於天地之間，或聆聽天籟的樂章、或呼應四時之變化、或遍歷各朝的興衰更替、或默默承受風雨雷電之洗禮，總是無所震懾、無所遷移、永不為所動（大地震除外），徹底表現沉靜的特質。

　　太極拳之靜就是要以靜來細聽，並因而覺察所接觸的外界（包括對手）的一切，進而與外界（包括對手）的一切和而同之，達到彼不動、己不動的沉靜，也就是在太極拳任何動作中，都須先以動中求靜，以達成聽勁、懂勁的目標，此和前述的山岳以寂靜去感受天地萬物之變化的情景是一致的，故稱之為靜如山岳。

　　江河的內涵是水（江河由水所形成），水性至柔、水無常形而善變、水性趨下，當水匯聚而成江河之後，磅礡盛大，其在平原處，雖緩緩曲流，卻內含處處漩渦，蓄積無窮能量卻令人莫知其能，牠可以載舟，亦可以覆舟；當其流經山谷，受山石之阻礙，或洶湧奔騰、土崩石滾，當者披靡，或將堅硬的石山切割成百丈深谷。江河這些漩動及磅礡氣勢的性質，正是太極拳動變及勁道的性質，所以說太極拳之動有若江河之勢。

　　人們對動靜的概念，常認為靜如處子屬陰，動如雷霆屬陽，唯獨鄭師爺鄭曼青大師說：「**靜則氣定屬於陽，動則筋柔屬於陰。**」從本段靜如山岳，動如江河，可得到印證。所以有志研習太極拳之人，須切記，靜不是軟弱的，需要有如山岳般剛正中定，他是屬陽的；而動絕對需要全身肢體、筋脈、神態等等，都需如流水般鬆柔，才算正確的，因之他是屬於陰。

「蓄勁如張弓，發勁如放箭」

弓未張開時是新月形，弓張滿時呈滿月狀，張弓成滿月時勁力最強。當張弓欲射時，弓體有一定點是不動的，對準目標拉開弓弦，使弓形整個張得更圓，利用弦的柔韌及弓的彈性及張力而蓄勁在弓上。蓄勁如張弓至少要有五個必要條件：

一、弓質要有良好的強度與彈性，因此太極拳蓄勁時先要純熟的太極拳底子，身體要柔軟放鬆有彈性。

二、蓄勁中，弓體定點要保持不動，因此太極拳蓄勁時身體要虛實分清，保持實腳湧泉與頭頂百會，貫串構成的中脈之中定。

三、為使一箭中的，弓箭要對正目標，因此太極拳接發勁時，身體勁向要對正目標。

四、張弓蓄勁時，弓形自然呈美麗的滿月形，因此太極拳接蓄勁時，身體這把大弓也是要有若滿弦的弓，體內處處亦皆存有無數的弓，處處含有圓弧形之意（例如涵胸拔背、手臂之圓肘等）。

五、一般來說，對方之來勁，有如射向自己的箭，箭鏃尖接觸我們身體的接觸點是弓弦搭箭之處。射箭主要是借對方射來之力反射回去的。因此與箭接觸的弦線是柔軟的，才能順承箭的剛直，因此太極拳接蓄勁時的接點處須是鬆柔的，才能順承

並轉化對手剛猛的勁道，還給對方。

總之，放箭的目的在一箭中的，更高的目的是一箭穿石，亦即要射得準並且要射得遠（強），要射得準必須掌控及瞄準勁向，要射得遠（強）必須要有一把良弓，以及弓要拉得深；除此之外，放箭還要有一些更重要的訣竅，例如：

一、放箭的霎那要懂得動中求靜，摒氣凝神，以保持所瞄準的目標不被晃動而失去準度。

二、放箭前的霎那，須要確認借力與拔根。

三、放箭的霎那，扣箭的手要即時的放開，不要拖泥帶水，也不要推它一下或企圖幫一下，才能完全發揮弓的勁力。

發勁就有如放箭一般，但發勁如放箭的前奏是蓄勁如張弓。發勁前身體要中定，勁要蓄到湧泉地底（才夠深），勁向要穿透對方的中心到其背後，身體要平整。拔根的霎那同時也是發勁的霎那，湧泉一晃，隨即順勢平整移位，接點不須增加施力（但也不可縮）。掌握發勁如放箭的訣竅，才能將你所學的太極拳功力能量在發勁時發揮出來。反過來說，如果所學的太極拳不夠紮實或不夠正確，則即使在認知上懂得發勁如放箭的竅門，發勁仍然不能達到效果。

蓄勁如張弓，發勁如放箭，雖是每一個太極拳學者夢寐以求的，但即使完全瞭解以上的解說，仍

然難以真正克服發勁當下遇到的種種難題。例如對方比你強壯，比你也力大，你的張弓與放箭要領真能放倒對方嗎？這是值得深思的力小勝力大的難題。我認為有幾個關鍵的概念須先認知清楚，並充分掌握：

一、拔根：若發勁當下不能同步將對方拔根，必觸及力大勝力小的局面，難以力小勝力大。因此必須能先斷對方的根，方能拔根。拳論有謂「欲將物掀起必加以挫之之力」這個挫字就是斷根，至於如何學？答案在左家內功的大乘法。

二、蓄勁如張弓，發勁如放箭，必須是氣的作用及聽勁的敏銳精準為主，而不是體力或技巧的作用為主。因為如此，全身有如充滿氣的柔性氣囊，充滿彈性。這彈性像弓體一樣，被對方接觸點就如是箭和弦的搭點，對方的力就轉化成張弓抽箭的勁。

三、從以上二個假設，解析「力小勝力大」的問題：

（一）如果這個氣囊沒有接地之力，則被一推就走，沒有作用，也就沒有意義，因此這個氣囊要從湧泉連結到地底下，亦即要氣有根。

（二）這個氣囊從接點受力，向內向下收斂的過程毫無阻力，從受力開始到對方力氣用完也失卻重心，對方整個所施的力，就會全部轉化為我的蓄

勁。這時我方只要以四兩之力，牽動對方所用出的
被我所柔蓄的全部之力，圓轉返還對方，即可順利
將對方發出。這是借力還力，「力小勝力大」的基
本原理。

「曲中求直、直中求曲，蓄而後發、力由脊發，步隨身換」

這段話是前段「蓄勁如張弓，發勁如放箭」的
延續。既已蓄勁之後，身體如弓之圓曲，在發勁時
釋放此曲蓄之勁將箭直射而出，此即為曲中求直，
因此，這個曲中求直代表勁的自然釋放，但是這個
「直」不能是僵直的直，它只是一種舒展而已，如
弓從滿月形釋放成新月形一般；直中求曲則是從舒
展中內蓄成圓曲以蓄積能量，如同從新月形蓄積成
滿月形，或如同直的鋼絲盤繞成彈簧一般，而且是
隨繞隨蓄。勁有所蓄才能發，就如同要先有錢才有
錢用。

勁的力（能量）是經過夾脊的作用而傳遞發
出，夾脊是人體脊椎周圍（主要是兩旁）的肌肉筋
膜及韌帶，它的主要作用是連結脊椎骨以構成人體
的支撐結構，它並藉由肌肉神經的作用以充滿於筋
膜的內氣為能量傳遞介質，夾脊亦控制及進行身軀
的運動，同時亦保護脊髓。

　　人體有12塊胸椎及五塊腰椎和一塊薦椎，共同受夾脊的肌肉筋膜及韌帶的作用，而可產生極大的勁力，其實此勁力是起於腳之湧泉上傳，而必須經過夾脊的作用方可到達於手（接點），所以可稱為力由脊發，更嚴格的說，應是勁力起於湧泉底下。

　　步隨身換是指身體在移位的過程中，腳步及兩腳的虛實亦隨之替換，虛實分清之後，虛腳能很靈活的往前後左右遞出，作為虛實替換的前奏。而身體移位的需求是由對敵時的聽勁而來，從聽勁感到的對手敵情資訊，以平時所受的訓練內化形成的反應，進行身體的移位反應。聽勁與反應皆須經正確的學習與反覆練習，才能有正確的成效，正確的步隨身換係靈活的沾黏連隨的基礎。

「收即是放，斷而復連，往復須有摺疊，進退須有轉換」

　　收是勁的收蓄，放是勁的外放，似乎是兩種不同的東西。但若以行氣的觀點，或是以太極陰陽的觀點來推究，則都可將它們合而為一。以氣的觀點來說：不論是收或是放，任脈之氣都是往下行的氣，也都是歸向丹田的；如以陰陽的觀點來說，陰代表收蓄，陽代表外放，但是須陰不離陽、陽不離陰，陰陽相濟方為太極。

　　這情形就像腳踏車的腳踏板轉動一般，當左腳施力時，剛好是右腳收起的時候，反之當右腳施力時，剛好是左腳收起的時候，這一收一放對騎車者或腳踏車本身都同樣形成往前的推力，所以說收即是放、放即是收。

　　斷而復連是發勁時的一種謀略，是以「能而示之不能，使敵之防禦產生極短暫之鬆懈，利用此鬆懈而立即再發之」。

　　有太極先賢曾形容接發勁就有如建立一座拱橋，隨即又將之破壞，隨即又再建立一座拱橋，隨即又再將之破壞，如此不斷重複進行而已。斷而復連就是將已建立好的拱橋破壞又隨即重建一座拱橋的過程。斷而復連又有如海水之浪湧，前浪遇阻回挫之後，後浪接著又遞補湧上來，綿棉不絕。斷亦有另外一種涵意，就是決斷，在該發勁的那一霎那，要當機立斷，而決斷之後不是事情的結束，仍然要用聽勁以如影附形，沾黏對方並掌握對方。

　　「往復須有摺疊」這句話看似無神奇，其實甚難瞭解其真義，因摺疊甚易變成四肢關節之屈伸，如果只是四肢關節之屈伸運動，則與一般的運動無異，不復太極拳之特色矣！

　　吾師教我所謂疊肋骨及疊腰眼以及螺旋勁者，或陳氏太極所謂纏絲精，是用來詮釋往復須有摺疊的最佳模式。

　　疊肋骨及疊腰眼是涵胸、鬆腰、落胯的更進一步落實，在太極拳之往復進退的過程中，須不斷的進行涵胸、鬆腰、落胯，久而久之，內氣能習慣自然的下降，在丹田、尾閭、胯關處形成摺疊。

　　太極拳的行氣是一種雙螺旋的路徑（或是纏絲精），太極拳的動作是以氣運身、運而後動，以此原則進行虛實往復的交替時，便自然形成內氣的摺疊，如螺線一般。然此事須實際落實方能真正清楚，學者需得真正明師之指導，才能豁然貫通。

　　「進退須有轉換」便是描述太極拳往復進退之間的「轉換」要求，吾師教我所謂：兩腳虛實轉換的樞紐在尾閭，兩手虛實轉換的樞紐在夾脊。便可說是形容進退轉換的切要詮釋。又進退轉換須走圓弧形路徑，須鬆淨自然，並以行氣配合等，都是進退轉換的要點。

「極柔軟然後極堅剛」

　　以太極來說，陰代表柔軟，陽代表堅剛，至柔之背後是至剛，陰與陽的性質是相反相剋、又相生相成；而至柔與至剛的性質也是相反相剋、又相生相成。以至柔轉化去應對對方至剛之力，這至剛之力不但沒有消失，而且被我借用，在我至柔之背後於是產生至剛之勁，還諸於對方，這個勁其實是對方之力經過我之陰陽轉化而成。

　　敵之力愈強且我之轉化愈鬆柔，則抗擷之力愈小，還敵之力愈堅剛，這就是極柔軟然後極堅剛。

「能呼吸然後能靈活，氣以直養而無害，勁以曲蓄而有餘」

　　修練太極拳是以能自然呼吸為要，不可閉氣，所有的行氣都要能自然的與呼吸契合，不能有半絲勉強，如此你的動作才不致受呼吸的影響而得以靈活，就像游泳運動員在水中的呼吸換氣必須由純熟到自然，才不致受呼吸的影響游泳的動作，如此才能靈活自在的在水中悠游。

　　直養須作持續不斷的，長期的涵養來解釋，即所謂持志養氣也。這裡所說的氣不是指呼吸的外界空氣，而是內在的元氣及精氣，以較現代化的解釋就是體內所潛藏的能量，這些元氣及精氣，須平時持續不斷的、長期的涵養才能旺盛，但不可害之，過度的操勞是害之、過度的縱情（含喜、怒、憂、思、悲、恐、驚七情）是害之、過度的縱慾也是害之。這些也是養身所須引以為戒的，其實養氣也就是養身，身是體、氣是用，體強即氣旺。

　　勁須以曲蓄，在前面「蓄勁如張弓」裡已有所說明，弓體由直而拉彎曲使之蓄勁，因而引申蓄勁是曲蓄。又有一「直有窮，曲無盡」的說法，例如：在一張紙上畫線，如果是畫直線就會很快的逸

出紙外，但如果是畫曲線，則可無窮盡的畫，這就是說明直有窮，曲無盡，也可說是曲蓄而有餘。

太極拳勁的應用是以沾黏連隨的方式進行與對手之攻防（打與化），以達到勝敵的最終目的，而沾黏連隨的內涵就是以圓曲為基礎，這種表現可稱之為曲蓄。

「心為令，氣為旗，腰為纛」

令是發令，是令的起源；旗的作用是傳令，是把令傳佈各處的媒介；纛是大旗，是傳令的中心，亦是行營所在。在中醫，心屬君主地位。

太極拳是以心行氣，以氣運身，運而後動，亦即是以君主的心為號令的源頭，再以氣來傳佈號令於全身，令傳之後，身體一動全動，而氣之傳號令即自然成為行氣的功能。

腰就有形的身體來說是全身的物理中心，以腰部區位作為號令的的轉運中心是最合乎經濟原則；嚴格來說，腰只是一個區位的代表，比較精確的說，丹田約居於腰的中心，以丹田為行氣的中心，更合乎腰為纛的含意，所以古人創造了丹田這個東西，確實是有很深且合理的含意的。

「先求開展，後求緊湊，乃可臻於縝密矣」

歷來太極名家對開展與緊湊有許多不同的觀

點，有些人認為是拳架形態的高低之別（所謂高架與矮架之分）；有些人則認為拳架大小之別（所謂大架與小架之分），這些論點雖不算錯，但常淪入拳架高矮大小孰優孰劣之爭論，因此也都不能解開先求開展，後求緊湊，乃可臻於縝密這段話的真正意涵。

開展與緊湊應該是指整體佈局而言，例如：在同樣大小一張紙上畫格子，畫得愈小愈密代表緊湊，畫得愈大愈疏則代表開展。這就是鄭大師曼青先生所說的**均密**，愈均密則代表愈緊湊，打太極拳時手愈往外伸長，則所佈之局愈稀疏，所要照顧之範圍也愈大，當然所設的防衛網也就愈不緊密，所以鄭大師曼青先生提倡不動手。

從另個角度來說：在接敵時，從與敵的接觸點開始，邊化解對方來力邊以「陰去陽生」之理，反撥截擊對方，從接觸到反撥的距離或時間，與聽勁功力有關，距離愈短代表愈緊湊，愈需要良好的聽勁功力，距離愈長為愈開展，如無良好的聽勁功力，則需愈長之化解距離，故亦可稱之為先求開展，後求緊湊。

以上對先求開展，後求緊湊的說明，仍在空間的範圍，就推手來說只有空間的條件仍然不夠，還要加上時間的因素，才能達到得機（時間因素）得勢（空間因素），亦即在受力之後以最短的時間及

最少的動作距離內，作最適切及最有效的反應，這可稱作真正的緊湊，這種緊湊具有最縝密的防衛網，然而這種緊湊是需要具有高度的聽勁、懂勁功夫才能達到，是由開展一步步練習得來的，否則這個緊湊會變成頂牛，故要先求開展，後求緊湊，乃可臻於縝密。

「又曰：彼不動、己不動，彼微動，己先動。勁似鬆非鬆，將展未展，勁斷意不斷」

太極拳是反常理，是以借力使力、四兩撥千斤為上乘，是儘量不用自己的力量打人，亦即是以陰陽動變來遂行以至柔剋至剛的武術。如彼不動而己先動，是以己力取人，須以力大來勝力小，或以快取慢，這是通常武術的形態，而不是太極拳方法。彼不動、己不動在《孫子兵法》所云：「**先為不可勝，待敵之可勝。**」獲得符應。

「彼不動、己不動」是知機待機，是透過太極拳特殊的聽勁而來，至於「彼微動，己先動」則是知機用機，所謂「機」就是動之微，彼將動未動之時，必已先出現一些細微朕兆，這就是機，探得這些朕兆即可作必要的反應反制，不必到彼已行動之後再行動。

所謂星星之火可以燎原，在星星之火將起之時，及時撲滅是最省力有效的方法。彼不動、己不

動，彼微動、己先動就是這種含意，但是必先要有聽勁、懂勁的基礎。

本門功法口訣有所謂；形不動氣動，氣動形隨。拳論亦有；以心行氣，以氣運身，運而後動。「彼微動，己先動」的先動，若以氣運身的氣先動解讀，將更貼切。

「勁似鬆非鬆，將展未展」亦是造成一般人對太極拳鬆的道理不瞭解，甚至誤解的因素之一。人體的二百零六塊骨頭是由肌肉及韌帶所聯結而成，它的鬆緊是透過神經對肌肉及筋膜韌帶的控制而得，如果肌肉及筋膜韌帶「全然鬆弛」，骨頭將無法支撐人體的重量，事實上只要是正常健康的人，他的神經系統不可能容許這種狀況發生。

那麼究竟正確的鬆的狀況是如何呢？這種鬆應該是恰到好處的給骨頭關節，在沒有沾黏、對關節骨膜壓迫最少、非常容易滑動，神經對肌肉及韌帶要有這種恰到好處的控制，而且同時要虛實分清、節節落楯，以及氣要灌乎關節骨隙及筋脈肌膜，這些條件同時作用下就會形成好像似鬆非鬆、將展未展的感覺。換句話說，雖然要無止境的放鬆，仍要保持體弓的不變（完整一氣）。

吳老師常告誡我們：「要如水中漂葫蘆不要裝柄，裝柄就是授人以柄，易為人所執。」吳老師又說：「太極拳要全身似滿弦的弓，有不得不發之

勢。」這些話可以形容將展未展的狀態。

太極拳的蓄勁是內斂，而發勁是外放，但發勁前亦不可露出外放的跡象，要動在靜中求，如此方能打人不知、神出鬼沒。

勁斷意不斷和前面所述的斷而復連相同意思，是對發勁的決斷之後，仍然要沾黏連隨，勝敵之意不能中止；更是能而示之不能的用勁的一種謀略。勁斷也是藉自己的的微微回挫，斷對方的勁；意不斷是透過聽勁、懂勁對整個用勁過程保持綿綿不絕的完整之意氣過程。不過，這句話很容易形成自己的斷勁，而造成進退失據的後果，須明師指點及自我仔細揣摩推求，以求真正瞭解。

「又曰：先在心，後在身。腹鬆氣沉入骨，神舒體靜，刻刻在心」

太極拳是以心行氣、以氣運身、運而後動的運動，所以說是先在心，後在身。腹應不單指腹部，應涵蓋胸腹，以任脈為中心線，以臍下的丹田為聚集點，任脈往下連帶放鬆胸腹肌肉，使氣聚丹田是太極拳行氣的重要模式之一。

丹田位於兩腎之間，在中醫的說法，腎主骨，氣沉丹田代表氣沉入骨。

太極拳行氣，講究虛極靜篤，而且是先講究心神的虛極靜篤，方能神帥氣、氣帥血、氣行血行。

虛是使用最少的能量，因此是最舒暢的狀態。體靜促進神舒，神舒自然體靜，是良性的循環。

　　刻刻在心，也就是鄭大師曼青先生所極力主張的「心與氣相守於丹田，須臾不離」。

「切記，一動無有不動，一靜無有不靜」

　　太極拳是全身包括意、氣、血、肉體、筋骨、關節及五臟六腑的整體性的運動；是以心行氣，以氣運身，運而後整體一起動的運動。它的停止也是整體一起停止，不拖泥帶水，才能完整一氣。其中一動無有不動或許較容易理解，而一靜無有不靜，在太極拳的書籍或論述難以見到，因此使學者較難以理解。

　　以下詳細對一靜無有不靜加以探討：以太極來說，動則立分陰陽，靜則歸於渾然寂靜的無極太初；以太極拳的方法和應用來說，動則內外同動、上下同動、前後同動，以致整體同動，亦即身體有如一個太極球體的同動，靜則所有的動作嘎然停住，停在虛實分清上、停在平衡中定上、停在所有的質量能量都聚蓄在實腳湧泉的地底下。

　　所謂「動中求靜方真靜」，這個靜是動的機轉，在與對方互動中尋得霎那的寂靜，此靜也是放箭前摒息凝神的霎那的靜、是發勁之初始，且這個靜是非常瞬間的。

「牽動往來氣貼背而斂入筋骨，內固精神，外示安逸：」

牽動往來氣貼背而斂入筋骨是行氣時的狀態，在一動無有不動、一靜無有不靜的過程中，氣遍全身，能隨著外形的動作反應而相互牽動，因太極拳的行氣是身前（任脈周圍）往下行，河車倒運使氣越尾閭到達督脈，督脈在身的背部，氣越尾閭之同時，渡命門，沿督而行，上夾脊而佈滿背部，是謂牽動往來氣貼背。

以上對行氣的描述有先後之分，但實際行氣是全身一動同動的。沿督而行之氣有的行於筋膜，有的斂入骨髓，此謂斂入筋骨。

行氣以心，氣以神帥，故行氣需要專注的心神，因此精神萬不得外散是謂內固精神；外者外在之形體，形體鬆淨自然能得安逸，且形體鬆淨自然之下，行氣最能順暢，且表現在外在的形象，也是顯得安逸，是所謂外示安逸。

在對敵應用上，如能夠內固精神、外示安逸，則才能臨危不亂、處變不驚充分發揮所學。

「邁步如貓行，運勁如抽絲」

貓行的特色是輕靈機警，太極拳一舉動周身俱要輕靈，太極拳的步法，不論是進步、退步、左

顧、右盼、或中定都要注重輕靈的原則，如同貓行一般。

運勁如抽絲的重點在「抽」字，抽絲時只要線頭一抽，整條絲線同時抽動，絕無中斷，這情形就有如我老師吳國忠先生所形容的：家裡供水系統的水管內已注滿水，只要水龍頭一開，水就源源不絕流出，從水塔到水龍頭的水都同時流動。

道理雖然很簡單，但許多太極拳學者卻往往把抽絲當成推絲或壓絲，以氣沉丹田來說，線頭在丹田，只要丹田似有若無一抽，氣即可源源不絕沉注丹田，許多人往往當成從呼吸道把空氣壓向丹田，正是所謂差之毫釐，失之千里。

「全身意在精神不在氣，在氣則滯，有氣則無力，無氣則純剛」

這句話又帶給太極拳學者很大的迷惘，前面一再強調太極拳是以心行氣、以氣運身、運而後動的運動，怎麼這裡卻又說全身意在精神不在氣，在氣則滯，有氣則無力，無氣則純剛呢？要求真正明辨與瞭解，基本上需要懂得一點老莊的無為哲學及整體的易經太極思想，以及幾個關鍵詞如「全身」、「意」、「在」與「精神」的詞意及「有」與「無」的哲理上。

全身是指範圍，也就是包括臟腑、神經、氣、

血、皮、毛、器官、骨、肉等組成的身體。**意**是經由腦神經所統攝的周邊神經系統及若干自主的神經系統功能，以及包含思想、感覺、決心等；**精神**是氣血之昇華，也包含自主神經的交感與副交感神經部分功能，以及隱含的思想、感覺、決心等，亦可說是意的昇華。

氣是肉眼看不見的能量物質。意的傳導速度可如光電般的快；但氣的流動速度則遜色許多，恍如空氣一般，可是氣的流動速度雖然慢，如果氣已先充滿全身，則其傳導速度卻可變得異常的快，但這種傳導的起動來源是意，傳導的方式是整體同動，其介質可能是氣波，而不是流速，就好像自來水系統的管路內水已充滿，只要把水龍頭一開，水源頭的壓力波使水源源不絕自水龍頭流出一般，控制水龍頭的啟閉就是用意。當氣遍周身之後，氣已在體內連結成為一個有如氣囊的整體，引動其中任何一處，都會是整體同動，而引動氣動的源頭是意，意到氣到、意停氣止。

從以上的這些比喻可知，在已氣遍周身的的狀態下，用意則快、用氣則慢，慢對快來說就是滯，因此控制全身的主宰是意，但是如果不是已氣遍周身的的狀態下，用意一步一步帶領氣從某處到某處，必然不夠快且會有阻滯的機會，這就是意在氣不是在精神的狀態，意在氣必會患用意太重而形成

固著。精神可說是意的昇華,所以要用意在精神,精神一動,氣的開關自然打開,一動全身同動,也就是全身意在精神不在氣。

另外,「在」是代表存在,是停駐,也就是有為,太極拳係宗黃老道家先無為而無所不為的哲理,所以要摒除有為。還有,氣的停駐代表停滯,氣滯是很嚴重的事。鄭大師曼青說:「太極拳37式行氣而已。」即是代表氣要運行不能停滯。

「有氣則無力,無氣則純剛」,是指在對敵時的用氣而言,是要以老莊的無為哲學來思辨,才能分明。前已論及在氣則滯,滯則不靈、處處掣肘而致僵硬,僵硬則湧泉無根可言,湧泉無根當然接不了勁,也發不了勁,故稱有氣則無力;但氣是一種流體,具有柔性及彈性,祂也是生命的象徵,任何生命必須充滿氣才能存活得健康。

生命若缺少氣則普遍出現僵硬的現象,如:樹木活的時候是柔軟的,枯死的時候是脆硬的,人死亡時也變得僵硬的,甚至在步入衰老時即已缺乏生氣而呈僵硬,所以稱無氣則純剛的純剛是指無生氣、無柔性的僵硬的剛強;另一種說法是引用老莊的無為而無不為的思想,將純剛視之為純陽,是復卦一陽來復的初陽,不是乾卦上九的老陽。在對敵時雖已氣遍周身,而有氣卻視之為無氣,心中只有應敵一念,行氣於自然無形,心中不可再有行氣的

掛念，全身似成為一渾然純陽之體，在某種狀況而言是形成有如沛然莫能禦之的純陽剛。

以上解釋雖有不同的角度，但其涵義是一致的，就是氣是無形無相的，因此不要執著於有，執著於有則意濁，似有若無的行氣才能趨於自然無形，才能流暢無阻。

「氣若車輪，腰如車軸」

氣若車輪是指在氣遍周身之後，成一渾圓的整體，首尾相接無跡無象，如同太極之圓融。若牽動其任一點則整體同轉同動，似車輪一般；而這轉動的中心也是渾圓的中心，在人體來說大約在腰部的丹田，車輪的中心是車軸，所以說腰如車軸。

氣若車輪的主體是無形的氣，因其是無形無象，故若車輪也是無形無象，似有若無。宇宙積氣而生，宇宙是近似圓的，而宇宙天體又皆旋繞的，亦如同有無數的車輪。人身如小宇宙，人亦以積氣而養命，因此可說人體內無形的氣有如無形的車輪一般。

《道德經》云：三十輻共一轂，當其無，有車之用……。共一轂的轂就是車軸心，車軸心要當其無，才能使車有用處。同樣，腰如車軸的所謂車軸也是要當其無，也就是說腰要如無形的車軸心。既然是無形的軸心，他就是一個虛擬的點或線，絕不

是實體的面或形體，因此此處所說的腰，必然不可當作是實際的腰部或腰骨，而是腰部內虛擬的某一點，古人稱之為丹田。鄭師爺曼青大師云：「**身體無形（氣）的中心在丹田。**」這些種種說明，印證了腰如車軸的車軸心指丹田為宜。

有些太極拳前輩認為腰如車軸的腰為腰骨或整個腰部，從而主張由腰部扭轉發力，這似乎落入有形有像表面、有力打無力、力大勝力小的功夫。

肆

體用歌註解

註：「」內粗魏碑字體為《拳經》本文

「**太極拳，十三式，妙在二氣分陰陽，化身千億歸抱一，歸抱一**」

太極拳內含十三式，就是掤、攦、擠、按、採、挒、肘、靠八種勁法，及進、退、顧、盼定五種步法。

然而太極拳的妙用不在於拳式、步法、套路的多寡，而在於太極動靜之間所隱含的陰陽二氣的消長及五行相生、相濟、相剋現象與特質。

太極可因陰陽的交互動變，而產生乾、坤、

坎、離四象，又可由之再生成乾、坤、坎、離、巽、震、兌、艮八卦，再化生成六十四卦，六十四卦又內含一百九十二個陰爻及一百九十二個陽爻，這三百八十四個爻的相錯、相綜而生出無窮的變化，這就是中國古代哲學對宇宙變化現象解釋的基礎。

這些變化歸根究底的說，就只是陰陽二爻的交互變化而已，更深入的說，因為孤陰不生、獨陽不長，陰陽須是一個不可分離的整體，因此變化的源頭應回歸到渾圓無缺的太極，這也就是化身千億歸抱一之理。

「化身千億歸抱一」本是佛門用語，簡意為佛陀有千億個分身，源頭卻只有一個本尊；佛門有千億個法門最終卻只要回歸一個本來面目。歸抱一又有抱元守一之意，元是根元或是圓融，守一是專一而又去其執著，有守竅法或守丹法（**內守丹田**）等，以回歸到太虛空靈，在太極拳是以內守丹田為主。所以歸抱一也就是最終回歸到抱持圓融、內守丹田。

「太極拳，兩儀四象渾無邊，御風何似頂頭懸」

前面已說過，太極生陰陽兩儀，兩儀生乾、坤、坎、離四象，四象再生乾、坤、坎、離、巽、

震、兌、艮八卦，終至化身千億，而達到渾然無邊，復返回無跡無象可尋的太極暨無極的太初景象。

所謂頂頭懸就是清氣或是神氣上昇，好似頭頂心有一條無形的髮辮往上懸提，神氣往上懸提之後，全身自然鬆沉、尾閭中正，加上要虛實分清，使實腳湧泉與頭頂心百會形成一鉛垂假想軸線，清氣上升百會為虛，濁氣下降湧泉為實，如此則身體方能輕靈的沿鉛垂假想軸線迴旋盪動，有如御風而飄動一般。

太極拳之輕靈盪動就是要有頂頭懸之意，且須有主宰，須有中定，須有根，否則盪動就有如無根的浮萍，無益於太極拳之應用。

「我有一轉語，今為知者吐，湧泉無根腰無主，力學垂死終無補，體用相兼豈有他，浩然氣能行乎手」

轉語也是佛門用語，意為很虔誠的轉述真理之言，在此顯示作者寫「湧泉無根腰無主，力學垂死終無補，體用相兼豈有他，浩然氣能行乎手」這段話時是多麼的語重心長，但這句話也是僅需要向有慧根的智者或知音傾吐訴說，因為一般人不容易聽懂，或即使聽懂也是不容易接受。

「湧泉無根腰無主」即是形容練拳時虛實不

分，腰無主宰，其實這句話和沒有頂頭懸的狀態是相關的，虛實不分便是雙重，雙重則沒有一隻實腳的湧泉與頭頂心百會對應，以致無法形成一鉛垂假想軸線，缺少了這條假想軸線，全身重量便不能落實在一隻實腳的湧泉上，而不能形成既穩重又輕靈的根（實側穩重、虛側輕靈），因此湧泉無根便不能穩重、不能輕靈的變轉、不能周身輕靈、不能中定、不能接地之力⋯⋯。

腰是指五節腰椎所在的部位，除了腰椎之外還包括了命門、兩腎、丹田、大小腸、也應包括胯骨，其中之丹田特別重要。

原作者曾經說過「有形的重心在湧泉，無形的中心在丹田」「心與氣相守於丹田」「以心行氣，以氣運身，運而後動」「太極拳三十七式行氣而已，發勁氣到而已」（所謂無形是指氣而言），從以上這幾句話連貫起來看可知，丹田是太極拳行氣的中心，太極拳任何一個動作中都是在不斷的行氣，當主人翁（心）在家（丹田）時，丹田是太極拳的主宰中心，沒有以丹田為中心的行氣，太極拳任何一個動作即失去無形的主宰。

「湧泉無根腰無主」在有形方面失去重心，在無形方面又失去中心。影響所及，就永遠不能體驗出太極拳的味道，也就永遠不能悟出太極拳最基本之理。理之未明，則雖是拼命的在練、盡力的在

練，終究是傻練、瞎練而已，也許能練出某些效果
出來，但那種效果絕非太極拳應有的效果，也絕非
太極拳的功夫，因此即使如此練到老、練到垂死之
前，終歸無補益於太極拳功夫的長進。

　　要能兼顧太極拳的體用，最基本之基礎就是
「浩然氣能行乎手」。何謂浩然之氣？可說就是亞
聖孟子所說的「吾養吾浩然之氣」的浩然之氣，是
要從正心、誠意、修身做起，是立足於天地之間
的正氣。人居於天地之間，人本身就有如縮小的宇
宙，宇宙是積氣而成，人亦是積氣而養命。效法宇
宙之沛然莫能禦之的氣的作用，就是使人體充塞浩
然之氣，而形成一個小宇宙。

　　至於這股浩然之氣如何的行之於手？因為這股
浩然之氣是由天地而來，亦還之於天地，亦即等同
所謂能量不滅定律，因此至高無上的理想是以吞天
之氣、接地之力；次之者至少要能接地之力，由湧
泉而腳、而腿、而腰（丹田）、而夾脊、游肘而行
於手，而且要一動全動、節節貫串、完整一氣，並
且這個動是要以心行氣、以氣運身、運而後動；在
心性的修為方面要端正其心、至誠其意、虛極其容
（器量）、持之以恆，久而久之才能修得天地之浩
然正氣，能修得天地之浩然正氣之幾萬萬分之一為
我所用，則太極拳的效用至大矣！然而浩然氣能行
乎手最基本的，必須要的，是湧泉接地氣有根，隨

時心與氣相守於丹田，主人翁隨時在家。

「掤、攦、擠、按、採、挒、肘、靠、進、退、顧、盼、定，不化自化走自走」

掤、攦、擠、按、採、挒、肘、靠這八門勁法及進、退、顧、盼、定這五種步法，合稱十三式，它構成太極拳的基本架構。八門勁法及五種步法的意義如下：

掤勁：

太極拳由內向外的張力為主，由湧泉通過全身無數的弓，作用到敵方身上的反應能力。

攦勁：

太極拳運用坎陷，當敵力直衝而來，我引敵向我陷入後，隨即將之轉化，並借力從敵後背或敵反側作用的反應能力。

擠勁：

太極拳兩手由張開到聚合，內勁向前交織，向敵中央突破穿透的反應能力。

按勁：

太極拳兩手分開，掌心為接點觸敵，綁住敵方，勁起湧泉，平整向前移位，兩掌心承湧泉尾閭夾脊而至的整勁，聚焦於敵身後的反應能力。

採勁：

太極拳順隨敵方，以四兩秘勁牽引敵方來力，

順勢轉化，使之落空之反應能力。

挒勁：

太極拳轉化敵方來力，使之落空撤退之時，我順隨敵方退勢而迎頭追擊之反應能力。

肘勁：

太極拳以肘尖為接點，勁起湧泉，而作用於敵身，穿透敵身之反應能力。

靠勁：

太極拳短勁，當與敵貼身靠近時，以肩背或身體其他部位為接點，勁起湧泉，蹴然旋轉靠上敵身，使敵仆跌之反應能力。

進：

太極拳施勁的方向為向前。一般用於掤勁、擠勁、按勁、挒勁等。

退：

太極拳施勁的方向為向我方而來，我或接點鬆化，中定而接勁，或往後移位或退步而轉化，稱之，用於一般擺勁及按勁之前半段等。

顧：

太極拳施勁的方向為向左前或左後方。一般用於擺勁及部分的採勁、靠勁。

盼：

太極拳施勁的方向為向右前或右後方。一般用於採勁及部分的擺勁、靠勁。

定：

太極拳立身中正、不偏不倚稱之。任何勁法及步發都需要定法。

這十三式體用的基本目標是「不化自化走自走」，何謂不化自化走自走？

太極拳是宗法易經太極原理的武術，它的特點是在於太極所內涵陰陽兩儀的變化，而這變化不是自變也不是亂變，它是一種「彼不動，己不動，彼微動，己先動」的「後人發，先人至」的動變，也就是因敵變化或者是先陰後陽的變化，了解這個基本道理之後，再回頭過來看「不化自化走自走」這個問題，所謂不化自化就是不自己主動變化，甚至不存有自己主動意識變化的一絲念頭，要把自我放空，因敵之變化而變化。

它是以合乎太極理論邏輯的一種前意識習慣反應動作，它也是在太極拳基本動作非常熟練，加上身體非常自然鬆沉，而成為內化之後的一種習慣反應動作，它近乎心理學家——佛洛依德所稱的潛意識狀態的反應，卻又沒有潛意識狀態那麼的深沉，應該是更接近所謂前意識狀態。

至於不走自走和不化自化的意思道理是大致相同的，都是先陰後陽之「陰」的落實，不同的地方只在於走與化的內含動作模式有些不同，一般來說，走與化的區別是：「走」較趨向於後退、

平面、直線移位;「化」較趨向於立體,圓弧、轉動、換形的模式。

簡單來說亦即:「走」是對來力作反向的移位走避;「化」則是對來力作旋轉化開來提防來力穿透我之中心。走與化一般合稱為走化,按字義有先走再化之意,然而按實際的應用需求似乎是先化再走比較好。

在對敵臨場時一切都是電光石火之間發生,也就是要在電光石火之間必須做適切的反應。所以說,用意識的主控常覺力有未逮,用合乎太極理論邏輯的前意識的習慣反應,或許才能從容肆應快速的突變。較能使自己處於不受傷害而立於不敗之地。

「足欲向前先挫後」

這是效法道家「反者道之動,弱者道之用」的原理,習反用反。足欲向前代表欲移位向前,以物理學來說,移位向前時須有另股反方向的力與之平衡。那麼該如何做到「足欲向前先挫後」呢?

如果以字面上及有形的解釋似乎是:腳欲向前進之前,先往後退一下或蹲一下,這在反作用原理或許勉強說得通,但太極拳實際應用上就有問題,在運用太極拳方式的接敵時,若雙方是黏住的,雙方力量大都處於平衡狀態,如果你這麼主動先往

後退一下或蹲一下，則對方利用你這麼往後退一下或蹲一下的力量（還有這力量所產生的加速度動能），對方再加點力量往你後退方向發勁，則被產生的效果會非常大，致使你想向前的動機與目的馬上面臨失敗，況且形體的往後退，必將抵銷許多往前進的力量，造成能量上的浪費，不合太極相生相濟之理。

「足欲向前先挫後」合理的、也是經過實際會發勁者的體驗的解釋是：「先挫後」應該是內在的、隱形的，既是內在的、隱形的，就須含有大部分的內氣的成份，接敵時身體不丟不頂的情況下，內氣往下往後腳湧泉疾行（挫），即產生接地的反作用力，同時亦產生足欲向前的原動力，之後（事實上幾乎是同時發生）再平整均勻發勁移位，則足欲向前的最終目的達矣！須注意的是足欲向前先挫後還須配合其它的基本條件，如：弓要拉好（接地之力才能傳達上手或接點）；要鬆（氣才能行得動）；虛實宜分清（才能得一貫之勁）、要得機得勢等等，才能達到良好效果。

「身似行雲打手安用手，渾身似手手非手」

雲者，水氣之積也，行雲者，雲氣之流動也。行雲之狀，或疾或緩總是輕盈流暢。太極拳的動作就是要有如行雲般輕盈流暢。

雲雖輕盈，一旦遇到山的阻礙或其它阻力的衝激，即釋出能量，頓時成為雷電交作、暴雨傾盆、驚天動地。太極拳之打手（推手發勁）動作的沾黏連隨特色，就須如同行雲般輕盈流暢，一遇發勁時機（例如阻力等），即自然而然的吸收能量並同時釋出能量，使對手如覺驚天動地一般，頓時被擊得摧枯拉朽且莫名其妙。而這種的發勁不是單用手，而是整體同動的，手只是接點，這樣的話，渾身上下都可成為接點，亦即渾身上下都好似有手一般，但是這些手其實又都不是手只是接點而已，因此稱作渾身似手手非手。

「但須方寸隨時守所守」

方寸者心也，心所守的位置在何處？在本文裡作者賣了關子，並沒有指明何處，作者鄭曼青大師在鄭子《太極拳十三篇》裡曾說：「**氣沉丹田猶不足，須心與氣相守於丹田。**」點出了心要守的位置在丹田。

為何要心與氣相守於丹田？可從以下兩方面來說明：

以養生練氣來說：

丹田近腎，約位於腎之下方，又稱丹灶，腎五行屬水，心五行屬君火，心與氣相守於丹田恰似於腎水之下築一丹灶，及引火於丹灶，溫養灶上的腎

水，使腎水蒸化而給養五臟六腑，同時又可使命門
得到相火之溫養，久之河車倒運，緣督而上行，這
是練精化氣、練氣化神、練神補腦的過程，這在易
經卦象上亦有相應之處，簡述如下：

　　腎五行屬水，水屬坎卦；心五行屬君火，火屬
離卦。水性向下、火性炎上，如果水始終在下、火
始終在上是為水火未濟卦，是水火不相涉之象，造
成體內消化系統及循環系統等之問題。以心與氣相
守於丹田，是引火於水下是為水火既濟卦，促進身
體的中和康健。

　　腎水在下屬於陰、心火在上屬於陽，如任由陰
在下，陽在上，則上下不交通，此在卦象為否卦；
如引心火於腎水下構成陽在下、陰在上，使心腎交
通、陰陽調和則成為泰卦。天地宇宙的現象亦是相
類同的：地在下為陰是為坤，天在上為陽是為乾，
如果天之陽氣（火、熱、光等）不下降，地之陰氣
（冰、水、露等）不上昇，是為天地不交，則火愈
炎上、水愈患下，由此即坤下乾上，構成否卦，是
不好的卦象；陽光普照大地，使地上的水蒸化上
行，於是雲興雨施，萬物興作，此則是由乾下坤上
構成泰卦，是舒泰的好卦象。

　　人類社會現象也大約如此，在上位者如果高高
在上，不與在下位的臣民交通（**交往溝通**），或在
下位者不擁護上位者，是為溝通不良，造成社會問

題，這種情形類似於陽上陰下，是為水火未濟卦或否卦，是不好的卦象。

簡言之，方寸之心守於丹田就是要使身體內能自然而然的形成水火既濟、或形成天地交泰的現象，以達到養生的效果。

以武術應用來說：

心與氣相守於丹田大約有以下的作用：

凝神壹志，使心不外鶩，專氣致柔，使身體處於最靈敏的最佳狀態。所謂李廣射石，心堅石穿，就是此意。

太極拳是講究以心行氣、以氣運身、運而後動的武術運動，這個氣就是由丹田發起之氣，而心與氣相守於丹田就是要建立一個氣的發動機，丹田氣盛之後，才能以氣運身、達到氣遍周身，由此才能以氣護體、以氣強身。

在此必須強調的是，方寸隨時守所守的重點在於隨時二字，也就是要持續有恆心的守丹，須臾不離。太極拳功夫要進步得快，養成太極生活化是必須的，而持續的、有恆的、不間斷的守丹，即是太極生活化的基礎。

下篇
拳理文集

何謂道家傳統太極拳

太極拳界耳熟能詳的太極拳，有陳氏太極拳、楊氏太極拳、武氏太極拳、吳氏太極拳、孫氏太極拳、郝氏太極拳、鄭子太極拳、等，卻少有人知道有道家傳統太極拳，何謂道家傳統太極拳？道家傳統太極拳的價值何在？等等，是本文所要探討的。

一、何謂道家傳統太極拳？

從不同的角度思維，有以下幾種解讀：

（一）

鄭宗師曼青曾謂「太極拳崇黃老學說」。黃老學說也可以說是道家傳統學說，黃老學說有《黃帝內經》、《老子道德經》等經典傳世，是中華文化的主要源頭之一。因此凡是以道家學說為依歸的太極拳，可稱之為道家傳統太極拳。

（二）

相傳太極拳出自武當山張三丰祖師，武當山是道教聖山，宮觀林立，張三丰祖師是道士，道教與道家雖有別，但道教教義乃是依據道家老莊學說加上儀軌和符籙所組成，因此自古道廟常是傳習道家學說之處所，道高而隱的道士，潛居深山大澤修

煉，除深通黃老治術、道家丹術養生（預防醫學）外，並體驗道家無為而無所不為、專氣致柔、至柔馳騁至剛等修養與應用，遂逐漸形成一種代代相傳的修煉模式，此模式有時稱作十三式，有時稱作三七式。

相傳張三丰祖師寫了一篇太極拳論，這篇太極拳論流傳至今，仍然是太極拳的最重要理論基礎，可為印證。因此凡是依據張三丰祖師拳論所傳的太極拳，可稱之為道家傳統太極拳。

（三）

鄭宗師曼青太極拳技藝出自楊氏第三代楊澄甫宗師，但另從張欽霖大師獲得左萊逢祖師（是位道士）的道家內功心法，由於鄭宗師曾從樸學大師錢名山精研經學，對黃老學術已有深厚造詣，具有道家學術根基，加上原有楊氏太極拳功夫，對研習道家內功自然易於融會貫通。其太極拳功夫已超脫楊氏太極拳框框，成為新的太極拳道，他自稱為鄭子太極拳。

這種太極拳說是新的太極拳，毋寧說是追溯到古道家傳統的修煉，我們姑且說這是純道家傳統太極拳。至於左萊逢祖師傳道之所，吳國忠老師根據鄭宗師的遺言，道源是位於山西省太原市東門城外的三清觀。經過吳國忠老師率中華神龍弟子，多年的無數次的查訪，終於找到已經半傾圮的三清觀建

築原址。

三清觀雖然傾圮且已荒廢，其建築的型制及規模仍然十分清楚可辨，是由四周的八個窯洞圍拱著中央的三清閣所構成，其大門門牆之圓門上方書有「太極門」三個大字，這在一般道觀，極為罕見，可見其和太極拳的修練確有相關。現在是受當地政府保護的古蹟建築。

由於三清觀的重現，證明吳國忠老師所傳的太極拳，是得自鄭曼青宗師由楊家回歸道士練氣家所傳承的正統的道家傳統功夫，確有所本。

二、道家傳統太極拳的內涵

近代太極拳能稱作道家傳統太極拳的，除了鄭宗師所傳的鄭子太極拳外，幾乎已不復見。現在流傳的太極拳，不是流於表演藝術，就是流於體操運動，或者是與外家拳結合成為搏擊技巧。即使鄭宗師所傳的鄭子太極拳，亦區分為傳自楊澄甫的楊氏太極拳，與結合楊氏太極拳、道家內功、道家學說的道家傳統太極拳。前項楊氏太極拳普遍傳於鄭宗師的從學弟子，後項道家傳統太極拳則於晚年單傳於吳國忠老師。

傳自鄭宗師的道家傳統太極拳，除依歸於黃老學說，符應於張三丰祖師的太極拳論外，還須將道家功法修煉精純，並融於三十七式太極拳架中，更

須將此太極拳能夠達於以柔克剛、牽動四兩撥千斤、人不知我，我獨知人、至無為而無所不為之效，為達乎此效能，除三十七式太極拳的習練之外，還有許多單練功法的習練，道家內功心法的習練，補氣丹法的習練，感應聽勁的習練……等。

更須勤讀《易經》、《內經》、《道德經》等古經，以體會道家文化的內涵，甚至儒家之中庸、孟子亦不可錯過，久而久之，達於心領神會，道家傳統太極拳必有小成。

在應用上，太極拳三十七式，及其他任何外在的及有形的動作的功法，都只是練功的平台，有如電腦的硬體。道家的行氣、心性及人體的神經傳導……等，內在無形的運作，是練功的中樞，二者合一，再與微空間、微時間的變化結合，則太極拳運用之妙，僅存乎一心。

三、道家傳統太極拳的價值

道家傳統太極拳是運動、是修養、是武術，也是一種文化，以古時目的論來說，當然是以武術的功能為優先，而武術的目的是勝敵，以求自保自身之生存。

現代軍事科技之發展遠優於古時，不要說飛彈火炮，即使再厲害的武術也敵不過一小顆手槍子彈，因此任何武術的軍事功能好像已經消失，以致

近代的太極拳都向運動與表演的用途發展。表演首重美感與炫麗，不在乎武術實用的價值。

但太極拳終究是武術，如背離傳統武術功能，似乎已不是完整的太極拳；另有些太極拳師傅雖然力守武術的崗位，但未得太極拳真諦，轉而與快猛狠的外家拳結合，追求的是力大勝力小，手慢讓手快的功夫，此類終究亦難窺太極拳真正價值。

真正的道家傳統太極拳其價值有增進國民健康、探索武學與學術之應用、發揚中華文化等多方面的價值，略述如後：

（一）、強身健體，強化國民體魄，促進預防醫學，增進國民健康

鄭大師曼青先生世稱五絕老人，其中醫是一絕，他所傳世的道家傳統太極拳遵循了中醫的醫理，是最適宜的強身健身運動，透過道家太極拳的鍛鍊，無疑的對強化國民體魄，對一般疾病預防、增進全民健康、避免運動傷害，都有直接的效益。

據鄭大師曼青先生所稱，鄭子道家太極拳對健康至少有以下的特效：

1、陸地游泳：

游泳是很好的運動，但受限於場地、氣候、水溫的影響甚大。以純運動效能來說，太極拳不下於游泳，且更安全又不受限於場地、氣候，隨時隨地可以修練之，鄭大師曼青先生稱之為陸地游泳。

2、水火既濟、致中和：

中醫認為身體的健康是身體各經絡器官功能呈平衡狀態，因此，中醫保健的目標是求身體的致中和。以陰陽、五行學說論之，人體受各種內因、外因的影響，會造成身體內陰陽、五行的不平衡，而導致各種傷害與疾病，尤其，最常見的是水之患下產生濕、痹、消渴等，及火之患上產生各種炎症。

道家傳統太極拳講究氣沉丹田及心與氣相守於丹田，引心火於腎水之下，行河車倒運，溫養腎精，使水火既濟，而致陰陽、水火之中和，於國民健康之預防保健，善莫大焉。

3、周身行氣、起肺疾：

中醫認為「神帥氣，氣帥血，氣行血隨」。道家傳統太極拳要求氣遍周身，氣斂入骨，氣在骨中行。其中氣遍周身意為周身（含所有皮膚毛孔）都能行氣，肺主皮毛，周身所有皮膚毛孔都能行氣自能促進毛孔的暢通，減少肺臟的負荷，大有助益於肺臟的健康，對肺臟的有些疾病亦有良好的復原作用。

鄭大師曼青先生年輕時得了肺結核，當時的醫生束手，因為練了太極拳而活到耄耋之年；我們師兄弟之中有人於二十年前得了肺腺癌，肺葉割棄過半，因為練了太極拳，至今猶身強體壯，且擔當大任，這都是明證。

4、促進身心的鬆柔：

促進身心的鬆柔能柔化身體肌肉的僵直，調整心緒的平穩。身體肌肉僵直與心緒緊張係現代文明病的根源，因此促進身心的鬆柔是現代預防醫學最簡便的靈丹。身心鬆柔後，動作更為輕靈，身心亦更為舒適，此乃身體保健的根本，快快樂樂、健健康康，亦對所從事事業的工作效率必有助益。

5、行氣自然、培養元氣：

道家傳統太極拳著重養氣與行氣，自然固本培元，是性命雙修之學，是求延年益壽的法門。

（二）、探索武學之應用

顧名思義，道家傳統太極拳就是一門武術，他與其他武術不同的只是他是一門有思想、有學理為源頭的武術，其應用在個人方面可以防身勝敵；推而廣之，在團隊爭戰方面，道家太極拳也與兵法相通，具有深奧的勝敵、保國、戰術、戰略成分。

茲分述如下：

1、專氣致柔、以柔克剛，以無力勝有力：

道家傳統太極拳特色之一是專氣致柔、以柔克剛，以無力勝有力。柔何以能克剛？無力何以能勝有力？這是違反大多數人的認知，因此很多的太極拳學者都未能認真探討這個哲理，以致不相信祂。《道德經》云：「以天下之至柔馳騁天下之至

堅」；王宗岳太極拳補論云：「有力打無力，手慢讓手快，是皆先天自然之能，非關學力而有為也，查四兩撥千斤之句，顯非力勝，觀耄耋能禦眾之形，快能何為？」

從太極拳經論到道德經，一再告訴我們，太極拳是應該以柔克剛，以無力勝有力的。因此應該篤信以柔克剛，不管在練拳中或生活作息中，少用剛愎之力，革除僵硬粗暴習性。進退應對專氣致柔以禮讓、順受為先，並兼勤參太極渾圓與相生、相剋、相濟之理。修習久之，必能得悟以柔克剛，以無力勝有力之功。

2、行氣自然、培養浩然正氣：

道家傳統太極拳著重練精化氣、練氣化神、練神還虛。還需善養吾浩然正氣，直養而無害。

武術攸關生死搏鬥，若不循正道，歪哥不自然，難以練就上乘功夫，即使練得一點功夫，也是遺禍人間。若平日行正持養，光明磊落，正氣浩然，臨陣必無心虛氣餒，功夫方可十足展現。而且行氣自然、養得浩然正氣，也是性命雙修、延年益壽的法門。

3、人不知我，我獨知人，因敵變化：

道家傳統太極拳重視的是內在無形無象的變化與感應能力，此能力一旦養成，對常人必能做到人不知我，我獨知人，因敵變化而掌握先勝之機，而

以力小勝力大，以最少的消耗獲致最大的效果。

更重要的是，這種能力不僅能應用於武術上，亦能應用於事業、商場甚至政治、軍事等各方面。

4、牽動四兩撥千斤：

一般武術對決的勝負，很大成分取決於體能，羸弱者大都居於負方，欲求力小勝力大，絕不能流於力量的對決，必須藉助其它的方法。

道家傳統太極拳是以超敏銳的的感應能力，而借對方之力甚至進而能吞天之氣、接地之力，如此，僅需要小小的力量，便能牽動鉅大的力量而還給對方，這就是牽動四兩撥千斤。

這種能力一旦養成，便真正能力小勝力大，耄耋能禦眾，羸弱欺強壯。更重要的是，若一旦具備了這種能力，個人的自信心便能大大的增強，用之於事業，成功的機率也將大增。

5、中定：

道家傳統太極拳講究中定，不偏不倚謂之中定，定無常定不失中定方為中定，所謂一處有一處虛實處處總此一虛實，虛實之中心就是中定。在道家傳統太極拳的應用上，中定直接關乎勝負，失卻中定意味失敗。

而中定和儒家中庸思想有極大關聯。中定是偉大政治家的涵養的主要成分，政治家的決策，如有任何偏倚，即可能遭致敗因，政治家的情緒如有任

何偏倚即不可能做出完善的決策。因此修養道家傳統太極拳的中定，其價值無量。

6、無為而無所不為：

道家思想的最高境界是無為而無所不為，太極拳的修為若能無所不為，豈非無敵。從練習道家傳統太極拳開始，其方向不是增益其能，而是「為道日損，損之又損，以至於無為，無為而無所不為」。損之又損是損所有的舊惡習，甚至損所有有為的跡象，達於和光同塵，無跡無象。

這和人不知我，我獨知人是類似的修為。習練太極拳懂得為無為之後方能和道家古人相通，領悟道家學術的大道理。

四、結語

道家傳統太極拳是中華文化的瑰寶，博大精深，是我們終生學習最理想的學門，歡迎有志探討或學習的朋友加入研究，使中華文化更加燦爛。

貳

道家傳統太極拳效能探討

　　道家傳統太極拳根源於道家哲理，道家思想最重要的成分是無為而無所不為。是透過無為、內斂、虛靜、順隨不受、專炁致柔、輕靈、陰陽相濟、行炁自然、守中、等等方式，與外界環境（**此外界環境可小至塵埃，大至宇宙**）互動與適應而致中和、而無所不為。致中和與無所不為，簡單的說就是全贏。也可以說道家傳統太極拳的核心目標就是全贏。

　　道家傳統太極拳在全贏的目標下，其個別效能繁多，可歸納為以下幾方面：

1、開發潛能、增進智慧：

　　道家傳統太極拳在動作上，在全身放鬆的前題下，要非常的細膩、整體連貫與連綿不絕，且要反覆練習，成為習慣，能增進身體動作的流利靈巧，身體動作的流利靈巧代表體內的感覺神經元與運動神經元的潛能受到充分的開發。

　　感覺神經元與運動神經元是身體神經系統的二種重要組成成分，其潛能的開發越多，意味神經系統的連結越廣泛，也代表腦力的被增進；在心智

上，修習太極拳不是要成為一個糾糾武夫，鄭師爺曾說太極拳是文人拳，要求我們多讀經書。

中華悠久文化所留下的經典是古人留下的心血瑰寶，多讀這些書，有助我們吸收古聖先賢的智慧，除有助我們對拳理的增進外，對各種的生活智慧亦必有所啟發與增進。

2、啟發心靈、紓解情緒：

練太極拳之前必先做三調，在平時更要持志守丹，日復一日，當心與炁相守於丹田日久之後，久而久之，水火交融，陰陽相濟，天地交泰，清氣上昇，虛靈頂勁，使大腦清明，心靈鑰匙獲得開啟，心中不再有煩惱、憂思、哀愁、恐懼與忿怒等，所有的不良情緒一掃而空。

3、養生自療、保健延壽：

近代日本社會，除醫療的進步外，養生運動的興起，促進平均壽命的大幅延長。臺灣社會亦不遑多讓，其中廣泛流行的晨起運動，必然是國民平均壽命延長的主因之一。每天早晨公園校園一群群的人在練太極拳，或其他各式各樣的運動以求養生保健。尤其，太極拳是講求放鬆、專氣致柔、以心行氣、以氣運身、運而後動的行氣運動，最能促進身心的健康，一般五行失調，水火未濟或元氣不足的毛病，往往能不藥而癒。鄭師爺曰：太極拳崇黃（帝）老（子）之學，而黃帝學術中有一部重要經

典，那就是《黃帝內經》，它是中醫的最古老的經典，也算是中醫的起源經典之一。因此太極拳學術是與中醫學術相關的。

以中醫的觀點，練太極拳可達成練精化炁，練炁化神以及水火相濟，五行相生相剋的的功能。此即張三丰祖師所著太極拳論謂：願天下英雄豪傑延年益壽。

4、改造體質、變弱為強：

太極拳是行炁拳，鄭師爺曰：**太極拳三十七式行炁而已**。炁是什麼？炁是米穀精氣、是元氣、是血氣、他也是體內億萬細胞無時無刻的需求，隨時不停進行把營養物質帶入細胞，也把新鮮氧氣帶給細胞，同時又把二氧化碳廢氣帶出。

太極拳是優質運動，可鍛鍊體能，並鮮少運動傷害；更重要的他是合乎身體需求的行炁功夫，能促進行炁的功能以充沛身體元氣，從而改進體質，使每個細胞都能獲得充足的營養與新鮮氧氣，且又同時促進體內新陳代謝功能的暢旺，則身體不強也難，重點在於你下了多少工夫。

5、變化氣質、美化人生：

所謂變化氣質，當然是變輕躁為沉靜及化暴戾為溫文，方能是美化人生。讀聖賢書，行聖賢事，能使氣質變化，這是大多數人不會懷疑的。但是鄭師爺在《鄭子太極拳十三篇》第四篇曰：學太極拳

亦能變化氣質。乍看這是很令人好奇的，一般人印象裡練武者固然能提振膽氣與充實義氣，練武者怎能變化為沉靜溫文的氣質呢？

其實大凡體力與精神不濟者，雖少必衰，壯必病，衰病之侵入，其人生是黑白的，雖欲自愛向上，且不可得，更遑論變化氣質（**讀者可自行參閱《鄭子太極拳十三篇》第四篇**）。例如：顏子是孔門最有學問的弟子，但因其身體羸弱而早逝，惜無法使人生多采多姿，並無法對社會作出更多貢獻，殊為可惜。

鄭師爺說：太極拳崇黃老學說，黃老學說是中華文化精華之一。鄭師爺又說：太極拳是文人拳。因此鄭師爺常勉勵太極拳從學者多讀書（聖賢經書），多讀書可得增識萬事萬物之理。

太極拳之理出於易經太極之理，太極之理是聖人仰觀天象、俯察萬事萬物之理而來。換句話說，萬事萬物之理即拳理，因此多讀聖賢經書可兼悟太極拳理。透過讀書練拳以效法古聖賢一言一行，潛移默化，無形中不但體健氣壯，氣質亦變化矣。

6、自衛防身：

太極拳是學術也是武術，因此，自衛防身是太極拳主要的效能。自衛防身的最佳效果是全勝，勝人而不傷人，且勝人而不傷己，是最理想的全勝目標。道家傳統太極拳兼持易經太極之理、道家先無

為而無所不為之理及儒家中庸、致中和之理，如果得法，並以身體篤行之後，可以其在武術上的效能反過來印證這些哲理。

茲舉一些與儒、道哲理可互證的武術效能，淺釋如下：

（1）先無為而後能無所不為

世人常謂：無為是什麼事都不做，是懶惰，是頹廢，其實大謬矣！老子曰：「為學日益，為道日損，損之又損，以至於無為，無為而無不為矣！」從這段話裡，可知追求道是要在為學所得的基礎上，日日損之。

所謂損，就是革除。日日革除錯誤的、不合宜的觀念與壞習慣，損之又損，改錯到幾乎已沒有壞作為了，那時一舉一動都合乎道，因之，已經沒有什麼事不可做，而且自自然然的都做得到。因此無為不是頹廢，而是精微，是大有為。

道家太極拳正是承襲這種邏輯，在為學日益滿載收穫的基礎上，不斷的問自己，這些收成裡，哪些是錯誤的動作與觀念？哪些是沒作用的糟糠？那些都需要棄除，日日要革除一些不好的觀念與壞習慣，就如同鄭師爺所說：「太極拳是改錯拳。」損之又損，改之又改。到如老子所說：「滌除玄覽，能無疵乎！」太極拳到無瑕疵的地步，這就是道家太極拳致用的神明，是太極拳最高理想。

道家以「無」為用的論述還有很多，例如：老子說：三十輻共一轂，當其無，有車之用；埏埴以為器，當其無，有器之用；鑿戶牖以為室，當其無，有室之用；吾所以有大患者，為吾有身，及吾無身，吾有何患？另外莊子苞丁解牛說：「以無厚入有間，游刃有餘矣！」這些以無為為用，是修習太極拳最高武學所必須徹底體認的。

（2）以分清虛實達於中庸、致中和

中庸云：「不偏之謂中，不易之謂庸。中者，天下之正道。庸者，天下之定理。」又云：「喜怒哀樂之未發，謂之中。發而中節，謂之和。中也者，天下之大本也。和也者，天下之達道也。致中和，天地位焉，萬物育焉。」太極拳從分清虛實開始養成，分就是分辨；虛實是「有」「無」對應的概念，虛實之間必有一處中，能分清虛實，庶幾得中矣！

張三丰祖師拳論云：虛實宜分清楚，一處有一處虛實，處處總此一虛實，周身節節貫串，無令絲毫間斷。即是說，太極拳分清某一處虛實，養成之後，還不夠，要知全身處處有虛實的存在，每個關節、每處肌肉，甚至每個細胞都有虛實的存在，且這周身億萬個虛實還需互動周旋，並節節貫串起來，像成形的龍捲風一般，貫串出一條中軸線，造物者掌握此中軸即係致中和，可使龍捲風源源不絕

產生強大的力量。人掌握致中和,可使身體康強,百病不侵。太極拳致中和,可不失中定方為中定。因此,正確習練太極拳,並持之以恆,是以天下之正道,得天下之定理。

(3)反者道之動

《道德經》云:反者道之動,弱者道之用。傳統道家太極拳亦是以習反而用反。「反」是反一般常人有為習慣,是返璞歸真,也是心欲的歸零。

大多數人學不成太極拳,是因為受到出生之後慢慢養成的有為習慣的阻礙,譬如:拿東西要用力、遇險阻要逃避、直來直往、爭權奪利的貪念、看問題只看到表面而看不見背面、愛表現求表面功夫……等等。因此打拳特別用力,致肌肉糾結僵硬,難以鬆柔,影響行炁的順暢、識見粗淺看不清全盤狀況等等。

道家傳統太極拳剛好相反,強調打人不用力、講究圓柔鬆透、講求全面整體、注重捨己從人,而其目的卻是為了全勝。其實,打人不用力就是儘量不要用己力,而借對手之力,是最省力的功夫;所謂直有窮、曲無盡,圓柔鬆透是身體勁氣最綿長的狀態,兼顧全面整體才能圓融無礙;捨己從人是不用己力,而轉化對方力氣還諸對方的關鍵要法,拳經所謂沾、黏、連、隨,就是捨己從人的基礎功夫,道家所說「及吾無身,吾有何患」是捨己從人

的上乘修為。

（4）以知陰陽動靜之機，達人不知我，我獨知人

太極拳源於《易經》，易經太極六十四卦，推演其變化之機乃陰陽交變而已，當自己身心都能處於虛極靜篤狀態時，我們的神經系統的感應便較為靈敏（這即是聽勁初基），常在此狀態下訓練對虛實、輕重、正反等與陰陽相關的感應分辨能力，久而久之，這種對陰陽的感應分辨能力便能超越常人的靈敏，這即是所謂懂勁。我獨知陰陽動靜之機，即人不知我，我獨知人。《拳經》謂：人不知我，我獨知人，英雄所向無敵皆由此而及也！

（5）以柔克剛、以弱勝強

《道德經》云：以天下之至柔馳騁天下之至剛。此理亦是反常人之觀念與習性，許多習太極拳者對以柔克剛、以弱勝強雖能朗朗上口，但真知其義者卻如鳳毛麟角。前人謂：「舌柔齒剛，齒偶會傷舌，但耄耋之年，齒脫舌猶健在。」在武術來說，此喻似有引喻失義之嫌，武術之決，勝負生死是霎那當下，非如舌齒數十年之戰方見分曉。深究之，以柔克剛、以弱勝強之柔、剛、弱、強皆非力也。以柔克剛之柔、剛是性也；以弱勝強之弱、強是欲求也。

鄭師爺云：「太極拳動則筋柔屬於陰，靜則氣定屬於陽。筋柔是身體有形之性態；氣定是體內無

形之氣之性態。使有形固態之體化為至柔，本來無形至柔之氣盛大浩然之後卻化為至定至剛。至柔之體筋可化轉萬力，浩然之氣可如龍捲風摧折萬物（水刀就是利用至柔的水激化其流速，以切割鋼鐵材料），這就是以柔克剛之義。」

太極拳崇道家無為而無不為，臨敵時無欲、無懼、無我執，方能捨己從人以無孔不入滲入對方，掌握最微細的制敵先機，這就是以弱勝強之義。

《道德經》云：「道可道，非常道。」大道精微，太極之致用浩瀚無際。以上種種見解，僅只是在下以管窺天的一己見識而已，有志研究太極之致用者，莫以此自限。

易經坎卦與道家傳統太極拳功夫

一、前　言

易繫辭曰：易與天地準，故能彌綸天地之道。

太極拳之名出於易，故欲研幾太極拳之深層功夫，非從易經之理不可得。然而易道範圍天地之化而不過，曲成萬物而不遺，通乎晝夜之道而知，神無方而易無體。

也就是說易太過廣泛，非聖人無法盡通，凡人得其萬一，必亦能受用無窮，基於此體認，先由其一坎卦，體察聖人設卦觀象推演之進退剛柔之變化，與失得吉凶之象，從而體會太極拳某些勁法之應用，藉此或可舉一反一，獲得太極拳功夫之進步。

二、有關於坎卦

為何先選坎卦入手？因為太極拳以習鬆柔開始，而太極拳以無力打有力，至柔勝至剛的功夫，還是在求極鬆柔。而天下萬物莫柔弱於水，而攻堅者莫之能勝，水屬坎卦，故先選坎卦推求。

坎卦卦辭曰：「習坎有孚，維心亨，行有尚」。

這卦辭普通的解釋是：閑習運用或適應坎險，使人信服，這需要有堅定不移的意志才能通達，這種作為是高明的、崇高的。

坎卦是重卦，上下卦都是坎水，皆是外柔中剛，外陰而內陽。外柔如水流，看似柔弱，卻暗藏凶險，上下卦合起來是雙重的凶險，也就是更加倍其凶險的。按理說，人們想從經書求取的智慧，大體是用來趨吉避凶的，然而易經坎卦卻勸人冒險去習險、用險，乍看似乎不可思議，且歷代名家都未

將其中緣由說清楚。

其實，我們如果換個角度想想：汽車是靠汽油爆炸產生的動力，推動車子行走，汽油爆炸很危險，但由於很多人前赴後繼的冒險實驗、研究，利用爆炸的能量，才有今天方便的汽車可用；再說，道路中很多汽車往來，如果駕駛都沒有開車技術，必然是撞成一堆，非常危險，但是每個駕駛在上路前都要學習開車技巧，且都要學習用路規則，直到考照合格方可上路，因此本來很危險的事變得井然有序與安全。因此，坎卦的最終意義，簡單的說就是透過有步驟的認知與學習，把危險的事物變得安全有用。更重要的是透過學習與冒險，成就例如飛翔甚至探月等等偉大的事業。

坎卦的中心是代表陽剛的中定的陽爻，代表水蘊藏無限的能量。習坎在太極拳來說是由兩種情境和坎卦發生關聯：

第一是有意的運用謀略，故意示之以自體的柔弱，以顯露出不堪一擊的凶險的假象，誘敵上當，此乃「能而示之不能」的示弱誘敵戰略；

第二是全憑自己之聽勁，以比敵更柔弱之外表以順應與超越對方的坎陷，此乃「以彼之矛攻彼之盾，因敵變化示神奇」的無中生有的功夫。

以上不管哪一種，外表的鬆柔就如同坎卦外表的陰爻，是基本要求；中定則如同坎卦中心的

陽爻，絕對是最後的決勝關鍵，此即所謂「維心亨」。

中定包含心志上、重心平衡上或完整一氣的中脈上，都要不偏不倚。在太極拳前賢常說的太極拳有如綿裡裹針的「針」字，近乎此意。

坎卦象辭曰：「習坎，重險也，水流而不盈，行險而不失其信，維心亨，乃以剛中也，行有尚，往有功也。天險不可升，地險山川丘陵也，王公設險以守險之時用大矣哉！」

象辭乃係咬定卦意的說辭，在此象辭乃進一步闡釋坎卦的內涵。坎卦之險在陷，陷即陷下或是陷阱也，或是有如難以踰越的深淵，水流而不盈之極，喻淵深廣如大海，即使百川之水亦永難注滿。

習坎之後的目的是求履險如夷，如此也就不怕險阻，不會為了懼怕坎陷而更改自己的意志，這就是行險而不失其信。如此，心志乃能亨通條達，保持中定不偏。對於這個中定（剛中）真意，在此還須再加以探討。

鄭師爺說：「**定無常定，不失中定，方為中定。**」以月球繞地運行，其本身是旋轉的，因其旋轉，必有一軸心，這是月球自轉的軸心，這軸心不時有微小的變動，卻不失其繞地的中定。月球繞地球圓形軌道也有一軸心，其軸心在地球心部，其近

似圓形軌道與軸心不時有微小的變動，然不失其繞地的中定。

相同的，地球自轉有軸心，其繞日公轉亦有軸心，這些軸心亦都有微小的變動循環，唯不失其中定。由於這個「定無常定，不失中定，方為中定」的道理，使得宇宙天體運行得以運行不墜。如稍有閃失，則脫離軌道，導致相互間的撞擊，後果必不堪設想。天體運行不墜其實就是進行其「行險而不失其信，維心亨，乃以剛中也，行有尚，往有功也」。《易經》體察地道、天道而設坎，就是希望人能習坎、用坎，即所謂「王公設險以守險之時用大矣哉」！

太極拳是由太極之理所演變的武術，古時候，武術是作為生死搏鬥之用，因此本身即在用險，要用險必須先習用險之道。

搌在卦象屬坎卦，太極拳之先賢設搌勁之法，其目的就是告訴我們：習太極拳要懂得習坎之理及用坎之法。並能篤行習坎、用坎。而用坎之道，象辭已告訴我們的就是「定無常定，不失中定，方為中定」（剛中）及「設險以守險」。

坎卦象辭曰：水洊至，習坎，君子以常德行，習教事。

象即形象、形態，亦即行動的現象也。水洊

至，水不停的來，亦即川流不息也。就是要人們把
習坎當作日常的德行，川流不息。對坎卦彖辭的：
「水流而不盈，行險而不失其信，維心亨，乃以剛
中也，行有尚，往有功也。天險不可升，地險山川
丘陵也，王公設險以守險之時用大矣哉」，不停的
揣摩、會意，並熟習習坎、用坎的，所牽涉鉅細靡
遺的事宜。此亦即信之誠，行之篤。最終達成履險
如夷，用險不傷的境界。

三、有關於坎卦的爻

爻是卦的六部份之一，從初爻到上爻，各爻有
各爻的爻辭與爻象，解釋不同時期、地位、性質、
環境的態勢、關係、吉凶與變化。坎卦的六爻意義
及與太極拳有關之處，探討如下：

初六：「習坎，入於坎陷，凶。象曰：習
坎，入坎，失道，凶」

初爻代表最底層公務員、平民大眾或是事件的
起始。坎卦初爻是陰爻，基層百姓宜安居樂業，守
法務實，才是立身處世之道，如果鋌而行險，而又
方法不對，則將面對嚴峻的法律追訴、官兵的追捕
以及周遭異樣不友善的對待，必入於重重險境之
中，而且孤立無援，其後果當然是凶險無疑。

在太極拳，初學時宜誠誠懇懇，依理如法，紮

好武術根基，所謂三年不出門。不宜賣弄拳藝，好勇鬥狠，否則臨場必因技不如人而陷入凶險。若於師門初習坎陷之法，必定會因動作不熟，或即使動作純熟，也會因拳藝水準仍不足，致與先進的對練中，處處受制。

明乎此，於習坎，更應奮勉勤習，力爭上游，方期於將來入坎之際能擺脫「失道」（在太極拳即為丟頂斷抗）之弊，以沾黏連隨，行雲流水的悠遊肆應。

九二：「坎有險，求小得。象曰：求小得，未出中也」

九二是下卦的中心，代表小諸侯、下級行政首長的地位，或是指習坎稍久，稍有心得。因二爻屬陰位，須受上級首長（九五）的節制，而且習坎用坎之法未得大成，上下周圍都是重陰的坎險而不能擺脫，因此只能努力求得小收穫，不可貪功冒進。

習練道家太極拳，若能認真習練，又得明師指點，初期進步會比較有感覺。此時更應繼續虛心努力，只問耕耘，不問收穫；由學習而熟練，再由熟練而養成本能習慣。若只學會一點點即自滿自大，終究未得《易經》變化之理，且拳藝必因此而陷入瓶頸。

六三：「來之坎坎，險且枕。入於坎陷，勿用，象曰：來之坎坎，終無功也。」

冒險處在四處險峻的時空中，艱難險阻川流不息來犯，尤其背後暗地的陷阱，更是險惡。

六三是下卦的上爻，是屬於小諸侯的參謀顧問，而本爻是陰爻處陽位，代表這時的地位、能力還未充足，地位與九二陽爻常相衝突，且孤立無援，無力突破險境，故凡事宜謙虛退讓、隱忍。千萬不可貪功冒進。

在道家太極拳的習練上，本爻代表習練了一段時間，功夫處在半生不熟的階段，猶如掘井一半，雖發現有水，卻未得足夠水源，而有點心急，甚至自以為有點功夫，會想四處與人比試驗證，但因功夫未逮，無法化解對方的攻擊，易生危險，尤其如果對方心術不正，暗藏殺機，更無能防範。因此必須沉得住氣，耐得住寂寞，凡事低調不爭，並更加努力不懈，潛心習練體悟，方為上策。

六四：「樽酒簋貳用缶。內約自牖，終無咎。象曰：樽酒簋貳，剛柔際也。」

依各名家解釋，本爻之義為，雖處艱困險阻之際，猶備樽酒、簋食、樂缶進獻權勢者，因而不會有什麼愧疚之禍。

例如：春秋越國被滅，越王勾踐被軟禁吳都，算得是最艱苦難堪之時，勾踐雖憂憤卻不形於色，百般順從，不時進獻糧食、物資、美女，不但得免殺身之禍，最終且能伺機復國。而百般順從須有堅定的意志才能堅持，此即所謂剛柔際也。

在道家太極拳之應用，有所謂「不受」，就是柔順之極；而所謂「將欲得之，固必予之」，與本爻之「樽酒簋貳用缶。內約自牖。」相通。

九五：「坎不盈，祗既平，無咎。象曰：坎不盈，中未大也。」

本爻處九五君王之尊位，人在尊位，最易自大自滿，自大自滿易招損。需效水之謙下柔順。淵深而水不滿，不滿則水不外溢，自適於淵澤之中，而得其平，如平湖千里。因不自大自滿，故無咎。

在武術上有所謂「一山還比一山高」，如果道家太極拳能夠真有所得，則必能修得謙沖無爭之習性與應用。

上六：「係用徽纆，寘于叢棘，三歲不得，凶。象曰：上六失道，凶三歲也。」

上六是很崇高的地位，而坎卦此陰爻是代表一個沒有真材實學卻靠著逢迎或裙帶關係而竄升到君王左右的高位，而高處不勝寒又能力不足，在君王

監視之下，言行稍一不慎即有殺身凶險，就好像被麻花大繩綑綁丟在叢棘之中一樣。在太極拳有句話「湧泉無根腰無主，力學垂死終無補」，就如同坎卦上六爻的寫照。

古時，太極拳武術是搏命的武術，學習太極拳如果不得法（**失道**），雖然非常努力學，仍然湧泉無根腰無主，而未得太極拳真功夫，此時即使是爭到了武術界的高位，面對其他武林高手的挑戰，其實是隨時有殺身之禍，是非常凶險的。習太極拳武術者能不慎之？？

肆

道家傳統太極拳獨有絕藝探討

一、前言

隨師習拳多年，每覺本門道家傳統太極拳拳理本於經論，且合乎中華文化精髓，拳法精微及系統化，有別於社會上所流傳之各門各式太極拳。

究竟不同在何處？吳老師曾說所有的各式太極拳，甚至所有的武術，都沒有要求「美人手」，也沒有要求「不動手」，更沒有要求「腳動手動，腳停手停」，還有疊腰眼似的迴轉，以及搭配的道家內功⋯⋯等。

　　只有吳老師教的鄭師爺晚年所傳太極拳有此要求，為什麼？鄭師爺師承楊家太極拳，抗戰前，鄭師爺楊家太極拳已聞名海內，抗戰勝利後，始從張欽霖大師傳承了左祖師道家功夫。

　　鄭師爺太極拳被稱為一絕，就是代表鄭師爺的太極拳是沒有任何太極拳家可比擬，這些別人所沒有的功夫，就是鄭師爺太極拳絕學的特色，以下謹依吳老師平日所教導而得的認知，分別加以探討。

二、美人手之探討

為什麼要美人手？

係為求氣可注乎勞宮而達乎中指尖。

為何美人手氣可達乎中指尖？

美人手使腕關筋肉舒展，關節鬆開，關節周圍筋肉最平均放鬆，致使通過腕關節的氣血在最無壓迫、最無阻滯下，最順暢運行。手掌及手指其他關節亦然。

除此之外，美人手尚有何益處？

　　（一）關節周圍筋肉除了血脈通過之外，還含有無數神經纖維，美人手使筋肉最平均放鬆，神經纖維（不論是上傳的感覺神經或下傳的運動神經）可不受壓迫而處在最靈敏且傳遞最迅速的狀態。太極拳的聽勁需要透過神經纖維的傳導，故美人手可使聽勁最靈且觸感及運動神經反應傳遞最迅速。

（二）美人手時掌骨處於腕關節最中正的位置，上、下、左、右都獲得平均的活動裕度，使腕關節處在最安全狀態。

（三）美人手既是求氣可注乎勞宮而達乎中指尖。是其根在腳，發於腿，主宰於腰，行乎手指，由腳而腿而腰總需完整一氣，亦是由湧泉、尾閭、夾脊，而由肘行於手的行氣的終點段部分。腕關節、掌關節及指腕關節既然鬆脫舒展，灌注以氣，除助神經纖維的傳導，通行於筋膜間內氣的波動傳導，亦極為迅速，是為聽勁的基礎，亦為懂勁的階梯。氣無阻滯，內可助專氣致柔養生，外可助武術應用破敵。

三、不動手之探討

何謂不動手？

拳論曰：「其根在腳，發於腿，主宰於腰，行乎手指。」手必要相隨，不可自動，是為不動手。又行功心解曰：「以心行氣，以氣運身，運而後動。」亦已清楚闡釋不動手之義。

為何需不動手？

從「以心行氣，以氣運身，運而後動」、「其根在腳，發於腿，主宰於腰，行乎手指」。知太極拳不動手為求內外一致，表裡合一，及完整一氣的整勁。

鄭師爺曰：練太極拳者不動手，動手便非太極拳。何故？

練太極拳者需明「其根在腳，發於腿，主宰於腰，行乎手指」「由腳而腿而腰，總須完整一氣」。

且王宗岳拳論曰：「斯技旁門甚多，雖勢有區別，概不外乎壯欺弱，慢讓快耳！有力打無力，手慢讓手快，是皆先天之能，非關學力而有為也。」強調動手快慢，便非太極拳，是旁門也。

不動手在武術上的效應為何？

鄭師爺曰：「太極拳37式，行氣而已；太極拳發勁應用，氣到而已。」

對照行功心解「以心行氣，以氣運身，運而後動」之語，可見太極拳的體用都在行氣致氣達而已，和動不動手無關。

英雄所向無敵概由人不知我，我獨知人而及。捨己則人不知我，從人則我獨知人。捨己從人則我順人背謂之黏，黏如膠漆，如影隨形。影是無我之我，形是被黏之對手。斯時由腳而腿而腰完整一氣，全身似手手非手，勝兵已先勝，何需再動手？且吳師曰：「動手便是斷勁。」再曰：「動手是授人以柄。」又曰：「太極拳應用歸依於道家無為而無所不為之理。動手是主動、是有為。能以不動手行武術應用，方為真太極拳。」

四、腳動手動，腳停手停之探討

何謂「腳動手動，腳停手停」？

吳老師曰：「太極拳以心行氣，以氣運身，運而後動，由內而外，由下而上。」

「腳動手動，腳停手停」是落實由下而上之理法。亦是落實拳論「其根在腳，發於腿，主宰於腰，行乎手指」及「由腳而腿而腰，總須完整一氣」而得一整勁。

「腳動手動，腳停手停」在太極拳體用上尚有何用意？

太極拳是宗法易經不易、變易之理，吳老師曰：「太極拳兩腳變轉虛實的樞紐在尾閭。」又曰：「太極拳勁的變化就如搭拱橋一般，且不斷的搭又不斷的拆。」

其意是太極拳重心移位時，從實腳移向虛腳，原實腳變虛，原虛腳變實。其無形能量的變轉是隨重心移位以尾閭為軸心，從原實腳湧泉上昇，通過尾閭時同時下降至原虛腳之湧泉，使之變實，而原虛腳變實之霎那，同時重心也交清於原虛變實腳湧泉，百會亦同時垂直對正於原虛腳變實之湧泉，無形能量的走向行跡似拱橋一般。起點起拔根作用，終點復歸於中定。

五、疊腰眼

「疊腰眼」這名詞在所有門派的太極拳是遍尋不著的，因此他可說是鄭曼青宗師所獨創。那麼，疊腰眼究竟是何意義？有何特殊之處？

腰子是腎的俗稱，腰眼約在腎盂的位置，腎有兩個，因此，腰眼也有兩處。就身體來說，它位於命門兩側，旁開約3寸，離背部較近（約身體厚度的三分之一），離腹部遠，恰好位於丹田後面略高一些（約一寸三分）。

太極拳對腰部的重點描述有：「其根在腳，發於腿，主宰於腰」（張三丰太極拳論）；「心為令，氣為旗，腰為纛」（十三勢行功心解）；「十三勢來莫輕視，命意源頭在腰際」，「刻刻留心在腰間，腹內鬆淨氣騰然」（十三勢總歌）；「湧泉無根腰無主，力學垂死終無補」（體用全歌）。這些「腰」、「腰眼」、「腰際」、「腰間」，說詞不一，是否在同一位置？愚意以為，「腰」、「腰際」、「腰間」，說詞雖不同，實際指的是腰中間的丹田，而「腰眼」在丹田後上方兩側。

吳國忠先師教我們練熊經時說：熊經的旋轉要帶點疊腰眼，疊腰眼初學時如疊棉被般輕輕疊，熟習一定程度後是用氣疊。疊腰眼帶動丹田蠕動，而後將氣帶到實腳湧泉，並且帶動湧泉的無形旋轉。

吳老師又說：熊經的有形動作為移位和換形（換形即旋轉方向），而太極拳架所有的有形動作，也可說是只有各種不同形式的移位和換形。

那麼，熊經的換形要疊腰眼，推而廣之，拳架所有的換形不是也都要疊腰眼嗎！那麼，究竟為什麼要疊腰眼呢？

（1）以疊腰眼帶動丹田的蠕動

太極拳家常提到「以心行氣、以氣運身、運而後動」；「練炁化炁」；鄭曼青大師亦提倡「心與炁相守於丹田，須臾不離，以心的君火引動丹田灶火，蒸化丹田周圍的腎水，水火既濟而產生炁」。因此，太極拳氣的源頭在丹田，我們要把丹田的炁運行到全身，而且要由下而上，由湧泉而腳，而腰，而夾脊，行於手。

這一連串的行炁其先決條件是要起頭的丹田能夠起動運行，亦即，這無形的丹田行炁要能起動得了。最好的方法就是運用疊腰眼，由輕輕疊腰眼這細小的動能，啟動丹田的蠕動，從而啟動周身行炁的功能。

（2）以疊腰眼帶動胯的摺疊開合

疊腰眼的疊是帶點微微的旋動（因為它是疊向對側的實腳湧泉，所以會形成旋動）。這種旋動加上搭配橐籥功的運作，即可輕靈帶動胯的摺疊開合。熊經的旋轉是胯合，移位是胯開。

拳架大部分的轉正動作同屬於胯合的關門動作，胯合是以實胯為軸心不動，以疊腰眼方式將虛胯及連帶虛腿、虛腳輕旋閻上，關門的旋轉阻力小，不會涉中軸的中正。又，胯的摺疊開合輕靈，耗能最小，更有助於身體的中正安舒，從而增進行炁上的及勁法上確實的效益。

六、左(道)家傳統太極拳獨有的修練內功

道門三清觀左祖師萊蓬祖師所傳內（炁）功，功法琳瑯滿目，特別的是，它們都能和太極拳相融而完美搭配。

各派的太極拳大都無獨有的修練內功，有心者就會去另行修練其他武術（例如形意或少林）的氣功或靜坐功，雖也會又若干效果，但那些氣功大部分是搭配外家拳的，和太極拳的專氣致柔與至柔馳騁至剛理念違背，以致有些門派變成主張「剛柔並濟」或「柔行氣，剛落點」。

道家傳統太極拳內功的內容，大部分在先師吳國忠1979年所著《太極拳內（炁）功心法》一書已然公諸於世，有心了解者，可參考該書，本文在此僅做概略分類介紹：

（一）無形無相類，做為內（炁）功修練的主體：

1、先天太極九轉玄功

2、守丹

3、養丹

4、小乘法

5、降魔降心

6、金樑換柱

7、一元功

（二）有簡單的動作配合類，做為內（炁）功主體與拳架動作應用間的調和轉換和氣路開發：

1、熊經

2、鳥申

3、行功

4、大乘法

5、槖籥功

6、靠山功

7、鬼摸鬼摸似小五手

8、寒芒衝霄

9、起落鑽翻

10、魚龍百變

（三）外金丹類，做為補五行炁及煉丹、用丹的輔助，助炁遍周身、炁清臟腑、炁斂入骨、炁在骨中行。

1、檀香木

2、青卵石

3、鐵彈珠、白礦砂、檀香粉

伍

追根究底尋法門

　　練太極拳要依理如法，太極拳之理在拳經裡、在易經裡、在黃帝內經裡、在道德經裡、甚至在整個中華文化裡。而太極拳之法在何處？由於武林慣常一脈相承，且古人、古書往往留訣不留法，所以一般來說，是法由師授，故欲得真法，必須聽師言、尊師語，更要解師意，以達心法心傳。

　　近來吳老師的教法做了一些改變，特別注重在小地方上強調「清氣上昇，濁氣下降」，譬如在預備式第一動之始，將動未動之時；或大乘法預備式手插夾脊之始，將動未動之時，等等。吳老師又問我們為什麼要這麼練？練什麼？如何練？等等。

　　吳老師的教法轉變的跡象，其實在今（99）年神龍日前就已有朕兆，在神龍特刊上，吳老師題了「形不動炁動，形不變炁變」之詞，綜觀吳老師近來的教學內容，似乎都是在闡述這句話的理念。

　　吳老師為什麼要這麼教？清氣上昇，濁氣下降是何形態？清氣是什麼？為何要上昇？又為什麼會上昇？濁氣是什麼？為何要下降？降到哪裡？……等等。都值得細心再細心的去推敲體會。

　　鄭師爺曾說：**天地積氣而生，人積氣而養命。**

何謂？宇宙廣大無邊，其蘊含的氣塵常會聚而積之，久而久之，清者發散，濁者沉降與凝聚，再久而久之，清者發散在外為天，濁者沉降與凝聚為星體，亦是所謂地。

宇宙本無上下之分，積氣而生天地之後，因產生地心引力的關係，天為上，地為下。天主發散與覆蓋，地主凝聚與承載。人法地，地法天，天法道，道法自然。故人體亦循此自然之道而可視為小宇宙。

人既可視為小宇宙，故人亦積氣而成之，亦即積氣而養命。養命包括養神與養形。神與天合一而可吞天之氣；形由地載而可通地氣。人（**正確練太極拳**）積氣久之，因人法地，地法天且同氣相求，故清氣發散朝天上昇；濁氣凝聚朝下朝地沉降。此所以能有吞天之氣，接地之力之功能也。

人只要活著，不知不覺都具有此功能，習練太極拳，練內功，只是使之可受控制且擴大此功能，而使之能應用於健身強身及武術的應用而已。

太極拳要「以心行氣，以氣運身，運而後動，下指揮上，內指揮外」，同學似乎都懂得，但實際練習或應用時，困於個人習慣，很少有人能真正有所體會，這是為什麼？以心行氣，心怎麼行氣？可以說，我們左家各種內功心法都是在練不同模式的以心行氣，如果這些模式還沒有練成習慣，則在應

用時，以心行氣便使心意執著，心意執著即氣滯，氣滯則談何應用？

還有，我們道家太極拳的氣動與形動，都牽涉到不隨意肌的運作，亦即要把有些不隨意肌練成隨意肌，例如：夾脊的運作與五臟六腑的蠕動等。

任何動作的起始是不動，因此，任何外動時，要掌握從不動到動的關鍵點——將動未動之時；在任何內動時，亦同樣要掌握將動未動之時。

在發勁的時機上有一項是「在彼將動未動之時」，但是「我擊彼之端，亦彼擊我之端」，在同等的機會中，誰能勝出？端看「敵不知我，我獨知人」的功夫上。

綜觀以上所述要領，在「以心行氣，以氣運身，運而後動」的細微次序上，似乎可歸納為：

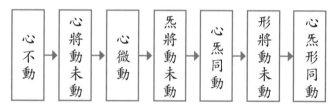

心不動 → 心將動未動 → 心微動 → 炁將動未動 → 心炁同動 → 形將動未動 → 心炁形同動

從以上分析，可知老師近來所注重的，似乎就是教我們如何從心動到形將動未動之間的極短時間歷程的練習與體會，尤其是在心炁同動之際的清氣上昇，濁氣下降，並將之養成習慣，以免心氣執著，方能長使靈臺保持清明。

陸

萬丈高樓從地起—談太極拳預備式

　　先師吳國忠老師常掛在嘴邊的幾句「蓋高樓首重打好地基」，「萬丈高樓從地起」。老師每開始傳授預備式時，常強調「地基不要築在沙洲上」。大約2006年時，很多師兄問了老師一些問題，讓老師覺得很驚訝的說：原來你們前三個月的功夫都沒學好，難怪功夫不會進步。此說明了有些同學確實把高樓築在沙洲上。

　　跟隨老師學拳二十五、六年，幾乎年年都會跟新學員從預備式學起，起初確實感覺不出什麼味道，甚至有點厭煩，因為，未隨師前，已學了鄭子太極拳近五年，並且當了教練，自認為拳架早就會了，何苦一再從頭開始？但耐住性子不斷反覆學習後，漸漸警覺到基礎的重要，感覺功夫都藏在基礎裡。

　　以下就從「最基礎的基礎」，「前一週的功夫」的預備式與大家分享。

　　為便於讀者的理解，本文擬從吳老師《太極拳道幾》一書的「預備式練功要訣」加以闡釋。

一、「始於無極，先求內，呼氣，使內炁『清升濁降』分陰陽。是無形之動作。」

在王宗岳《太極拳補論》起首：「太極者，無極而生，陰陽之母也，動之則分，靜之則合。」

將練太極拳之前，先持心齋、無塵染、天人合一、陰陽未生、無形無象、是謂無極。當炁機一動，即生陰生陽，而有炁機的變動。陽氣為清，無形，緣督上升，接天氣；陰氣為濁，生形，緣任而下行接地氣。

此階段屬形不動氣動，形雖未動分虛實，炁已分陰陽。在無極而生太極之際，宜帶一點小乘法，以行吞天之氣，接地之力之效。

二、「由內而外，體隨呼氣之鬆沉下降，將重心下導於右足心。」

由內而外，乃炁動形隨之意，炁無形無象。無形的中心在丹田，是為內；形為體為外，整體有形的重心在湧泉，湧泉一有感，全身同時微動。

因預備式設計上，重心是要交到右腳湧泉，故在全身鬆沉之下，隨呼氣下降，將重心導於右足心。在其他許多接勁應用的場合，亦可將重心導於左足心。老師惟恐我們用力踩死湧泉，用了一些譬喻，如：

1、運勁如抽絲，絲線非常細小，不能用力，要很輕的由湧泉倒抽。

2、全身如同沙漏，沙子非常細小順滑，利用非常輕的重力流向沙漏嘴（似湧泉）。

全身鬆沉同時，略帶虛靈頂（玄功第一）、心窩下降（玄功第四）、內涵（彙簹功）、等。

三、「左腳成全虛，腳跟微起外旋，成微動。」

此動最易被忽略，然而它卻是「人不知我，我獨知人」的重要修持。左腳跟微起，不可牽動身體，左腳在全虛狀態下騰起腳跟並向外迴旋，以越輕、越微、為越靈。

此在大攦的採勁應用時，可得印證。

四、「左腳向左旁開，與肩同寬，注意右腳之膝不宜動，左腳盪出是漸動。」

老師曾說：「動之餘為盪。」由前動之微動的餘勢盪出左腳，除右膝不宜動之外，全身亦須中定不動，乃係以右腳湧泉下蓄積的氣機所帶動，因此，此動需與前動連成一氣，動盪一氣呵成。老師常說，虛腳是有作用的，可無影無聲的攻人。也曾示範，手一接即虛腳攻人後腦杓，其速無比，神鬼不覺，其功夫基礎和此動虛腳的動盪輕靈有關。

五、「右腳重心平移於左腳，是形與體之陰陽虛實交替練習，並著重平整、均勻，不可起伏歪斜。」

老師曾說：「兩腳虛實交替的樞鈕在尾閭」、「移位發勁有如拱橋原理」，亦常舉用滑輪在水井打水的例子，又常要我們去觀察大海浪湧的態勢，這些都是說明移位（兩腳虛實交替）之要領，移位在太極拳是大學問，是接勁與發勁的重點，學者務需旁徵博引，詳加體會。

六、「右腳成虛，腳尖向裡轉成直線與肩同寬，是陰陽微動之勢。（同肩寬是最合人體結構的原理。）」

此動是關門動作，拳架許多地方都有各種不同型式的關門動作。可以此動為基本練習。所謂關門是想像將身體分成左右兩扇門，在左邊這扇門不動，輕輕關上右邊這扇門，順勢將右腳尖關正，右腳尖關正是被動的，千萬不可主動用力轉。關門時，除中軸的中定外，須加點橐籥功的開合及熊經的疊腰眼。

所謂同肩寬是否是最合人體結構的原理，是運動醫學與生理學的範疇，留待該方面的專家去論證。然而，同肩寬確實是太極拳武術的移位換形的

最適度空間，與獲得動作靈活度的最佳選擇。

七、「左腳重心移回右一半，全身重量是落在雙腳心，是落地生根，便於起式、換勢，故膝腿均不宜用力，此時如實腹、挺肚、提肛更忌。」

此動作係以小小的移位，回到太極陰陽將未分，將合未合的狀態，動作雖已停止，餘味猶存，以之換勢，能達輕靈順暢。在王宗岳《太極拳補論》所謂：「動之則分，靜之則合。」此動是屬於靜之則合，靜之則合的合是含住、蘊住。千萬不能成為靜之則停。落地生根是活根，此活根以虛靈領起與頂宮上天氣的呼應，行天地掛鉤，此動時可以小乘法輔之。

實腹、挺肚、提肛皆非本門功夫，皆須避免。

【附記】

老師曾說：「受攻擊時，彙篆功中線的鬆，是最難。所產生向內鬆化的空間，可以此空間換取反應的時間，大有助於接發勁。」此話可從預備式實驗印證。如果人體以最堅強的姿態，使全身堅硬如鋼鐵，一個人形的鋼鐵構物，放在地上，因其僅以兩腳掌底面積觸地（常理，底面積越小，穩定度越差），若被人輕輕一推，就將傾倒。

太極拳是綿裡藏針，預備式時雙腳站在地上，

中脈如無形的針軸插入地下，形體外表鬆柔如綿，當前面正中（最難化解的部位）被推時，接觸點如能以彙篙功向內、向後鬆鬆走兩到三寸，中脈維持不動，藉著後走的距離空間所產生的時間反應，將來力引向湧泉地底，如此可把對方攻擊來力形成分力，導向地底。

依我個人體會，預備式若善用彙篙功，可較以堅強的抵抗，可多出數倍甚至十數倍的承接力。

從頭三個月功夫談到頭一週功夫

大約十年前，老師似乎有感而發的說：「你們拳藝進步得不夠快，是因為頭三個月的功夫沒練好。」據我觀察同學聽了，有些人非常認同，有些人未置可否，少數人可能就認為老師炒冷飯而萌生離心。我個人當下是覺得初入師門頭三個月，是練拳最認真的時期，十五六年來也一直不停在練，怎麼可能沒練好？之後冷靜的思考，並從頭細心的檢討，才猛然的發現，不但頭三個月的功夫沒練好，甚至頭一週的功夫也沒練好，老師只說頭三個月的功夫沒練好是太客氣了。

什麼是頭三個月的功夫？概括的說，大約是熊

經、鳥申功法，拳架第一段，再加上聽一次九轉玄功的一、兩關等。

　　嚴格來說，這些功夫果真練得好已會接勁、發勁、化勁，放眼台灣太極拳眾多大師級人物（本門除外），真能接勁發勁的有幾人？豈不是說真正學好本門頭三個月的功夫，就足夠稱雄於太極拳界？但這說法並不等同於太極拳三個月就能練好。頭三個月的功夫是需要不斷的反覆練習，反覆用心揣摩，反覆用心體會，才有可能達到。上等良材少說也要三五年，才可能有小成。

　　就我的回頭用心體驗，頭一週的功夫所學的是預備式及熊經，雖然再重新努力復習，經歷了近一年的時間，細心玩味與體驗，仍然感覺有太多的不滿意，雖然如此，仍使我受益良多。一些體驗與感受敘述如下：

一、預備式

　　一般學拳者對預備式總以為只是預備動作，抱持可有可無的輕忽態度，或即使是認真練習，亦只是在動作上下工夫，殊不知太極拳是以心行氣，以氣運身，運而後動的一動無有不動、一靜無有不靜的功夫，即使名為預備式，仍然需遵照此原則。老師常說「萬丈高樓從地起」，「萬事起頭難」，「一日之計在於晨」等等，都是在要求重視開始起

頭。本門太極拳預備式在外形動作雖然簡單，正因為外形動作簡單，才能用心觀照內在，才更須用心觀照內在的。

預備式是打地基的功夫，它的重要及動作要領已在前文「萬丈高樓從地起—談太極拳預備式」有所詳述。而它的重要性則不僅限於動作上，它也是道家太極拳內功的載體，許多道家太極拳內功功法都可結合於太極拳預備式上，產生應用的效果。如果地基不深，如何能往上追求高深的功夫？如果載體殘破不固，如何求得內功的應用？可見頭一週功夫的重要。

二、熊經

入門頭一週上課即接觸到熊經功法，雖然是第一次，老師卻很仔細的講述熊經的要求與練法，說：這是鄭師爺所傳的獨門功法，其他太極拳門派皆無。並說：熊經主要是練移位、換形、疊腰眼與五心相通。移位是身體重心的變轉，包括自我前進、後退、左右、右左。是接勁與發勁的主要組成份子之一；換形是身體旋轉改變方向，是接敵時的變轉虛實，是轉化來力，也是化中帶打的基礎；疊腰眼是能夠輕鬆轉動身體，並且讓丹田蠕動而帶動丹田運轉，使丹田炁接湧泉的基礎；五心相通則是湧泉、勞宮、百會五個心互同內炁，意即做為炁遍

周身的基礎。

老師並且說：熊經要勤學三年才學得會。這麼重要的功法擺在第一週學習，意即要學子早日下工夫，與時俱進。然而有多少學子領略老師的苦心？熊經沒學好，雖學習多年，老師講的功夫老是拿不到，也是必然的結果。

有關熊經的學習要領在本人「掀開熊經的神秘面紗」裡有專章探討，這裡僅言其重要性而已。依本人的學習多年體驗，以力小勝力大的發人，除熊經之外並無他途。

捌

太極拳學習與練習
——「拆開來練」的探討

首先引述吳國忠老師講的一個故事：

五絕老人鄭師爺生前名聲響亮，而本人卻是個子不大、溫文儒雅的老人，怎麼看都不像是身懷絕技的武林高手，因此常有一些自負的江湖人士公然挑戰，鄭師爺都不予理會。

有一次在某個場合又有人向鄭師爺公然挑戰，當時有一位鄭師爺的門徒某師伯跳出來，喊道：「有事弟子服其勞，要挑戰先通過某某人這關，才有資格向我老師討教。」當場把對方震住。

事後鄭師爺對某師伯的勇氣嘉勉有加，並約某師伯某日某時到師爺住所一談，某師伯大喜過望，約期當日，提早到達鄭師爺公館門外守後，時間一到才敢按門鈴，按了門鈴一會，鄭師爺出來將大門開了一個門縫，頭探出來對某師伯連說了幾句「拆開來練、拆開來練」，隨即將門關上，並未讓某師伯進入，大門外留下愣住的某師伯。

事後某師伯說給吳老師聽時，氣猶未平，而吳老師聽了卻覺如獲至寶，努力推敲及奉行不渝，正所謂下士聞道哈哈一笑，上士聞道勤而行之。

鄭師爺門徒不下數千，但真正得傳衣缽者有幾人？而吳老師能後來居上，能成為鄭師爺門下的翹楚，眾人皆謂是吳老師原來的外家功夫基礎了得。但事實果真是如此嗎？外家拳和太極拳是完全不同性質的技能，吳老師能有今天的成就，除了吳老師凡事求認真（真理）的性格之外，必還有其它的有效門路。

從以上說的故事中，拆開來練是吳老師奉行不渝的方式，也是經常要求我們的練習方式，更是鄭師爺門下之中已知以拆開來練，並自我要求及要求學生的唯一傳人，可見拆開來練必是吳老師學習太極拳能夠成功的重要因素。那麼拆開來練究竟為什麼有這種效果？如果從西方教育心理學的觀點恰好可以獲得應證。以下就以教育心理學的觀點來探討

「拆開來練」的學習與練習方法。

一、動作技能的定義

西方心理學家對動作技能有不同的定義，如柯隆巴克（Cronbach）認為「最好把技能定義為習得的、能相當精確執行，且其組成的動作（componentacts）很少或不需要有意識地注意的一種操作」。

伍爾福克（Woolfolk）等則把動作技能定義為「完成動作（act）所需要的一系列身體運動（movements）的知識，和進行那些運動的能力」。

葛磊（GagneR.M）認為「動作技能是協調動作的能力。動作技能實際上有兩個成分：其一是描述如何進行動作的規則；其二是練習與回饋而逐漸變得精確和連貫的實際肌肉動作。」

從以上的定義觀之，太極拳的技能相當程度的包含於心理學家所認為的動作技能定義，其中尤以柯隆巴克的定義最接近於太極拳。

人類的許多活動都涉及身體各部位肌肉動作的協調，包括：嬰兒時期的眼球移動、手部的抓、握等動作、兒童的書寫動作、樂器的演奏、駕車、打字等皆是，其共通處，在於對肌肉動作的精確性及時效性的掌握。動作技能的學習即是指凡是需控制

隨意肌的身心活動皆屬於這個範疇。

　　一般而言，所謂「動作」絕少是指身體單一部位的活動，例如「寫」的動作不僅是手指掌握筆的單一動作，還包括手腕、手肘及肩膀的使力作用，甚至於眼球的移動等各項協調工作，合在一起方能順利進行寫的動作，也因此寫這個動作需要經過練習過程，才能表現出既熟練又精確的技能。因此有些心理學家認為：動作學習是多個活動（反應）的連鎖化，而技能學習又是多個動作的連鎖化。

二、動作技能的學習歷程

　　心理學家菲次（Fitts）將動作技能的學習歷程，分為認知期、定位期及自律期三個階段；葛磊則分為認知期、聯結期及自律期，兩者所見略同，分述如下：

（一）認知期

　　任何技能的學習都需經過認知的階段，對技能的性質、過程要點、注意事項等都要有適當的了解，並且分別練習局部的、個別的動作。例如：學習太極拳時，初學者必須先認識各個動作的分解動作，並且了解在動作定式時手、腳的位置、身體的姿勢等，接著練習把兩個定式連貫成為單一的分解動作及反應。

　　這個階段裡最重要的工作是讓學習者充分了解每個動作的要求，藉由說明分析與示範，配合必要的視聽輔助教材，讓學習者認識技能的性質，原理及正確的反應，所以這是技能學習的最初期。認知期的長短將視技能的複雜度及困難程度而定；技能越複雜者，所需認知的時間也就越久。

　　上面提及，大部分的動作是一連串動作的組合與協調，因此在認知階段中，分解動作的執行將有助於學習者對細部動作的了解認識。

（二）聯結期

　　當學習者了解個別的動作及正確的動作過程後，便可透過練習，使學習者能熟習個別的動作與反應，並將這些個別的動作之間能相互聯結，建立連鎖的動作過程。

　　這個時期主要希望學習者透過練習的歷程達到二項改變：

　　1. 將獨立的動作在短時間內能順暢地聯結，2. 摒除妨礙目標技能完成的一些習慣性錯誤的干擾動作（亦即改掉舊有的不合的習慣動作）。

　　對於各部分動作互為獨立的技能，宜分次多加練習，將有助於最後整體動作的完成（分解練習）。

　　由於此段時期的特徵是，整個技能中的動作順

序，不但因多次練習而趨於固定，而且每一動作又能準確無誤，所以此階段又稱為定位期。換言之，技能學習到這個時期，其所包括的一連串動作，已變成為固定不變的反應組型。當然，達到此種地步是由於長期練習的結果。

同樣的，聯結期的長短也視動作的複雜度及困難度而定，此階段的學習以實際操作練習為主，如是較複雜動作技能，可先由個別獨立動作或分段作局部的聯結，並由一段段練熟後，再將分段組合聯結成整體的動作，唯在各個聯結點，亦要做多次精熟練習，使之聯結順暢。

（三）自律期

技能學習的最終目的在於動作聯結的自律化，也就是說動作的呈現，已不再透過認知及聯結的步驟，能直接迅速而精確的表現出來，通常技能要達到自律化的程度，必須經過非常專精訓練及長期練習，同時當情境改變時也能維持穩定的水準。這也就是技能學習的高層境界，練習達到這個階段，就是到了自律期，動作的連鎖可以自律化。

自律期技能的表現不但得心應手，甚至一切動作的配合，已成為固定不變的習慣，而真正成為一種成熟的動作技能技巧了。如能夠再對該動作技能有再進一步創造與發展，則可進而出神入化到達藝

與道的境界，就如同莊子苞丁解牛篇裡的苞丁的解牛技能。

三、動作技能的學習條件

要能學好任何的動作技能，必須兼顧學習者內在的學習條件，及外在的教學情境，兩者若能相互配合，對於學習結果則更為有利。

（一）內在條件

學習者首先要能記住各個細部動作，充分了解並執行每一個分解動作，再者各項細部動作之間的先後次序，承接轉折的重點也必須能掌握，否則便無法執行例行的程序。

（二）外在情境

從事動作技能的教學，為了促使認知期，聯結期及自律期的連貫，教師應提供下列外在的學習情境：

1. 說明及指示

口頭的說明除了提供直接的訊息外，另一個功能是增加學習者辨識適當的外在刺激的能力。

2. 連續的影像示範

動作技能通常是一連串動作循序地表現，因此連續的影像示範，中間輔以靜止畫面的細部說明，

可以幫助學習者了解整個動作的全貌。

3. 實作示範

由教師或其他示範者提供完整的示範動作,以供學生做實地觀察,學生除了能身歷其境地明瞭實際動作的執行過程外,並提供他們事後從事心智的練習,為下一個練習作準備。

4. 練習

反覆練習是達到聯結與自律化的關鍵活動,練習的方式可分兩方面來討論:

第一方式是就其練習時間的長短而論,可分為集中練習與分散練習,前者指的是在一段長時間內不停地練習,而後者則是將同樣的時間長度分為若干次來練習。這點和吳老師教我們的乘廢時,多次練習相契合。

第二種方式是依其學習份量而分,動作技能可能包含若干細部動作,學習者將每個動作從頭練習到尾,一遍又一遍的練習完整的技能,稱為整體法;也可以將技能分為若干段落,練好一段後再練第二段,循序漸進,這種方式稱為部分法(**太極拳的動作練習須兼具整體法和部分法交互練習**)。究竟採那一種方法學習,或從那個方向開始學習,直到現在,已有的研究還不能清楚地回答,但確知的是:應根據不同動作技能作出不同的安排。

5. 回饋

當練習發生錯誤時必須適時地給予校正；當練習順利進行時，鼓勵可以給學習者正增強，亦可以促進練習的成功，像這種對自己動作（反應）結果能覺察的現象，稱為回饋作用，「迷時師渡，悟時自渡」，所謂迷時師渡是老師對學生的回饋，悟時自渡是學習者自我回饋。

四、結論

由以上分析得知「拆開來練」是太極拳技能學習的重要方法，但不是萬靈丹，它必須經聯結後，才能成為整體的學習方法，太極拳的最終應用在於整體一貫，因此拆開來練只是重要且必要的手段，目的在對動作作深入純熟練習，而最終要朝整體聯結的方向，成為環環相扣，環之無端，無始無終，一動無有不動的圓滿太極。

許多太極拳同道，學拳一輩子，猶未窺得太極拳真正門徑，除了拳理未通、拳法未明之外，學習、練習的方法是否得當？亦不無關係。

亦即對太極拳每個動作的小地方是否做到正確無誤？整體拳架是否圓熟順暢？每個動作的運行是否成為習慣？……等等，本篇或許可以幫助找出一些答案。

玖

探索太極拳密訣——掌握現在進行式

一、前　言

　　受到武俠小說的影響，習武之人總是期望找到武學秘笈，輕鬆的練成武林高手，事實上，武學秘笈到處都有，但是，真正能夠學得武學大成者，可說是鳳毛麟角。

　　以太極拳來說，古今各家著作汗牛充棟，先不論各家著作的素質如何，很多著作都會把張三丰、王宗岳等太極拳先賢的經論、歌訣附帶登載，因此只要有心研習太極拳的人，對這些太極拳經論、歌訣不會太陌生。而這些經論、歌訣其實就是太極拳主要的秘笈，但是有多少讀者真正從中受益呢？

二、探求密訣的途徑——知行合一

　　文字本身是一種符號，文字所蘊藏的意義才是知識。懂得運用知識，才會從中受益。瞭解文字蘊藏的意義，是「知」的主要途徑之一。不停的運用知識，屬於「行」；由篤行中獲取的經驗，進而能更深化知的內涵。知而不行，知識是死的；不知而行，是盲動。唯有即知即行，知行合一，才是學習

與做事的最佳方法。

太極拳經論的每一句文辭，即使背得滾瓜爛熟，若不能從篤行中去體會每一句文辭真意，仍然無助於太極拳功夫的長進，或者更精確的說，太極拳經論的每一句文辭，如不能和篤行動作中的每個內在與外在的意義相連結，則書雖看得多，拳也練得勤，仍然難登太極拳功夫的堂奧。

尤有進者，太極拳的篤行必須是一種現在進行式，就是把所有的動詞定義為現在進行式。鄭宗師曼青曾說：動則筋柔屬於陰；太極拳先陰後陽。筋柔者，鬆也，因此所有動詞相關的元素，包括內在與外在的元素，都必須在毋忘毋助中，同時與鬆連結持續不斷的以鬆來詮釋其動詞的內涵意義。

三、試以現在進行式解析有關張三丰太極拳經的秘密

以下以現在進行式的方式來分別解析有關張三丰太極拳經經文的秘密：

1. 一舉動周身俱要輕靈，尤須貫串：

一舉動、輕靈、貫串都要當作現在進行式動詞，亦都要和鬆連結，而輕靈本身即含有鬆的意義，隨時隨地、無時無刻之舉動，都應和輕靈完全連結，而且任何舉動間，要以輕靈貫串，周身輕靈貫串之後，即形成氣遍周身，整體如一氣囊，一動

全動，如果能長期如此，功夫可如囊中物也。

2. 氣宜鼓盪，神宜內斂：

舉動又要輕靈，又要貫串，非只靠外在的肢體動作所能達成，必須輔以內在的行氣及斂神，在無形的意境上，體內有如鼓內之虛空，內氣一盪，整體同盪，此即體內真鬆的徵候；神常內斂蘊藏，此神鬆的徵候。

不論是體鬆或神鬆，都須得行氣自然，也就是說，這鬆字是在自然行氣下，分秒不停的進行。

3. 無使有缺陷處、無使有凹凸處、無使有斷續處：

若仍然存在缺陷、凹凸、斷續表示未鬆淨，未掌握現在進行式，以至於內在氣機的流行有障礙、有隔閡，不能持續順暢行氣，因之，亦未能氣遍周身，終究未得整體一致，這些都是練拳者須力行去除之弊病。

4. 其根在腳，發於腿，主宰於腰，行於手指，而腳、而腿，而腰總須完整一氣，向前退後，乃能得機得勢：

此段文之前半段在描述行氣之路徑，似乎是有起點，有中點，有末端，但這只是一種自然規則而已，這規則又可歸納為「由下而上」，他是以內在行氣引導外在行動的，故亦可歸納為「由內而外」。

因行氣必須是生生不息的現在進行式，故分不出哪裡是起點？哪裡是中點？哪裡是末端？因而方能形成後半段所說的完整一氣，此完整一氣無缺陷、無凹凸、無斷續。因此乃能得機得勢，在此要注意這「得」字，得機得勢的最機佳狀況就是可持續不斷發生，如果只是偶而碰巧得機得勢，代表進步的空間還很大。

換個角度來說，從是否得機得勢逆推，如機率不夠多，就需檢討是否在何處存在缺陷、凹凸、斷續，行氣是否為由腳、而腿，而腰以得完整一氣，反覆檢討，反覆修正，篤行不已，由此途徑方是求得太極拳秘密的正途。

5. 有不得機得勢處，身便散亂，其病必於腰腿求之，上下左右皆然，凡此皆是意，不在外面：

這段就是從是否得機得勢逆推，來尋找未能得機得勢的病因，任何不得機得勢，身必散亂，身勢散亂原因即為行氣不能完整一氣，當行氣不能順隨由下而上、由內而外、而自然順遂時，必造成身勢散亂。

不論不得機得勢是在何處，其病因都需要回頭逆推，要往下求之（*即所謂於腰腿求之*）及往內求之（*即所謂皆是意不在外面*）。往下求之法主要是鬆沉，持續不斷的鬆，鬆沉到腳底湧泉之下，同時由腳底湧泉借地氣啟動，由下而上；往內求之法就

是由意（輕微的）引導，啟動內氣，由生生不息的
內氣引領外動。

6. 有上即有下，有前則有後，有左則有右，
如意要向上，則寓下意，若將物掀起，必加以挫之
之力，斯其根自斷乃攘之速而無疑：

太極乃無極而生。無極為寂然不動，一有動
機，陰陽驟分，是為太極，陰陽雖分，卻隱含相
生、相濟、相剋（剋乃係節制）、相成，形成圓融
的太極。

「有上即有下，有前則有後，有左則有右，如
意要向上，則寓下意」乃太極陰陽相生相濟之理的
運用，也是保持中定的要素，因此，在太極拳的習
練及應用上，須時時、常保太極的圓融無礙。至於
為何「若將物掀起，必加以挫之之力」？看似矛
盾，其實亦正是太極圓融的妙用。

7. 虛實宜分清楚，一處有一處虛實，處處總
此一虛實，周身節節貫串，無令絲毫間斷耳：

太極拳的功夫是由聽勁而懂勁而階及神明，其
中聽勁與懂勁應視為一體，是為人體感應能力的應
用，是牽涉人類生理的十二條腦神經系統的總合運
作，其中有一部分是與生俱來的，有些是後天學習
而來的。

虛實宜分清楚最重要的在這個「分」字，
「分」就是經由神經系統解讀任何途徑獲得的內在

與外在的訊息，亦就是人體分辨與解讀訊息的能力，在武術上，這種能力就是聽勁與懂勁。

四、結語

孟子曰：「氣以直養而無害」，這直養的直就是持續，也就是要把持養浩然正氣成為生活中不可或缺的現在進行式。學習任何太極拳功夫，如果不能將它形成現在進行式，就可能變成未來式，以後再多認真一點；或變成過去式，過去雖曾努力學，卻未窺堂奧，現在嘛！馬馬虎虎就好。把握任何太極拳動作、功法的現在進行式，也如先師吳國忠說的：「你想要學好太極拳才能學好太極拳。」

壹拾

迷　霧

太極拳是一門武術，也是一門技藝，任何技藝的學習，或是想早日修得技藝之大成，以出師享用該技藝之大用；或是至少能悟到該技藝之若干奧秘，以作為日後繼續進步的階梯。

身為神龍學子，在多年同修中，觀察同學花時間、花錢，不辭辛勞老遠從各地到神龍山莊從師學習，另又觀察社會上成千上萬太極拳學習者，孜孜

不倦在每日天色微明，即出現在公園學校的角落勤練太極拳，其目的也不外乎想一窺太極拳奧秘，並圖得太極拳之好處。

依此得到健康好處者，的確不在少數，但若謂體悟真正太極拳奧秘功夫者，大概是鳳毛麟角。為什麼呢？真正的太極拳宗法黃老學說，是無為而至無所不為，簡單的說就是從無中生有的功夫，無中怎麼生有？又叫人怎麼相信無中生有？因此自太極拳傳世以來，始終被團團迷霧圍住，令人難窺廬山真面目。

在太極拳界，學拳歷練超過十年，甚至二十年以上者，不計其數；拳經拳論能倒背如流者，相信也不在少數；其中亦有很多知識份子，他們為什麼也困在迷霧中呢？他們難道不能從拳經拳論，或是從他們的老師那裡了悟拳理、拳法嗎？如理如法練不就成了嗎？

唉！這又是一團迷霧。

吳老師是太極拳高手中的高手，又是名揚國際的名師。吳老師常說太極拳（包括拳理、拳法）你聽到了嗎？聽到了。還不夠，你聽懂了嗎？聽懂了。還不夠，練到了嗎？練到了。還不夠，練熟了嗎？練熟了。還是不夠，要把真正合乎拳理的外在動作，及內在行氣，變成你的習慣，才算是學會了。

　　有此標準指引，加上老師所教的鄭師爺留下的那麼多內功法寶，照理說，同學們眼前就光明大道，應該個個拳藝都能突飛猛進了，其實又不然，雖然有些同學有些時候進步很快，有些時候卻遇到瓶頸而停頓下來，為什麼？又陷入一團迷霧。

　　每位同學大概都有一個共同體驗，就是入門後大約一、二年間學完了拳架和大部分的功法，之後，又再和新同學一起再學一輪，之後又再學……無數次的重複再學習，但每次再聽一次時，總有一些新的體會，即使各種口訣方法已經聽了滾瓜爛熟，為什麼不能全部完全體會？永遠要再聽一次才能再體會一點點呢？這似乎也是一團迷霧。

一、突　圍

　　只見迷霧，不求突圍，將永遠受困於迷霧，所謂力學垂死終無補也！嘗試突圍，才有機會穿透迷霧，脫困而出。突圍有退怯式和前進式，退怯是退出學習，做個失敗者；前進式的突圍必須瞭解迷霧，不懼迷霧，確立方向，再加上耐心細心的應變。

　　欲登愈高、愈深的高山，其路途必然有較多的不可測的迷霧，也就是說在各領域欲有愈高的成就，其路途中的迷霧必然更加充斥，所謂師者，傳道、授業、解惑。相對的，為人學生弟子者，必然

要從解惑開始修業。

在迷霧彌漫的太極拳修練路途，欲有效突圍，以我的體會，需先掌握大的方針，走對方向之後，對局部迷霧不貪多，一一用心的克服，最後必能雲消霧散見真章。

什麼是大的方針？相信又會有見人見智的看法，我的體會，要先對太極拳的整體架構要認識清楚，就如同登山者要先對目的地區之地圖研究清楚。許多人在太極拳架構上，就已走入迷途而不自知。例如，時下很多人視拳架為招式，招式要練愈多種，才會學到愈多以招破招的技巧，要以招破招除技巧外，還要有力量和速度，認為太極拳練鬆對養生有效，對應用則不足，因此又練形意、八卦等，想集各家之長，這種認知，剛好落入王宗岳祖師所批評的壯欺弱，慢讓快的旁門功夫。

二、結合內功與拳架的功法

太極拳是依循太極原理，是以心行氣，以氣運身，運而後動。運是內運，動是外動，要注意外動時是不能中斷內運，也就是說，不論外形的靜或動，內運（行氣）是無止息的。因此真正的太極拳是兼拳架動作與內氣運行（內功）結合的功夫。拳架動作是行氣的平台，行氣而產生太極拳實際功效。好比電腦由各部零件組成，而成為應用程式的

平台，應用程式依平台達成實際的電腦功效。平台是硬體，行氣模式如同應用程式一樣是軟體。介於硬體、軟體間還要有韌體來結合，軟體才能奏效。在電腦，韌體例如開機驅動程式；在太極拳，結合內功與拳架的功法（如熊經鳥申等）可歸為韌體。

（作者註：沒有動作，純粹行氣的內功，稱為軟體；有些許動作的行氣功法，稱為韌體。）

有了以上的認知，我們稍事整理一下，將更為清晰：

1. 電腦硬體是結合許多傑出科學家設計出的軟體的平台，絕不能有絲毫馬虎；太極拳（37式）拳架是鄭師爺結合許多先賢精華，精心設計的行氣的平台，亦不能有絲毫馬虎。

2. 電腦如果沒有韌體的作用，軟體不能連結，而軟體要經過無數次測試，不能有絲毫誤差，才能成功應用；太極拳的韌體（一些功法）也必須用心認真練習體會，才能使內功充分發揮。

3. 電腦最後的目的是要達到應用功能，電一開，指令一鍵入，則要毫無誤差的達到應用功能。太極拳是武術，以勝敵為目的，講求百戰百勝，如同吳老師說的：一碰要使對手跌出三步以上，這種功效其實是氣到而已，但這功效的前題，是有效結合符合於拳理的拳架、功法、內功才有以致之。

4. 電腦程式內建後，是看不到、摸不著的，

只有經實際測試，才能驗證功能。太極拳內功練到後，也是看不到、摸不著的無形無相，只有經實際應用發勁，才能驗證有無功效。

太極拳介乎於藝與道的中華文化結晶，其外在動作的修飾及內在氣功的蘊養是一體兩面不能分割。它是非常細膩渾然的偉大工程，迷時需要明師不斷的指引渡化，即使若有所悟，亦須持續用心的自我習養，方能達於「成就」的彼岸，所謂「迷時師渡悟時自渡」，即是此意。

「為學日益，為道日損，損之又損，以至於無為，無為而無不為」，「反者道之動，弱者道之用，天下萬物生於有，有生於無」。

太極拳的學習，首先要「日益」，亦即日益增廣拳理及拳法。但太極拳應用功夫的涵養與進步是要反向的「日損」，何謂日損？就是每日要改掉一些有為的習慣，因為太極拳的反，是要回頭探索源頭的至柔無為大道。

人自呱呱落地，就逐漸習染了剛硬、貪多、用力的有為習慣，這些習慣成為修道的絆腳石，必須拋棄，以回復嬰孩般的至柔無為純陽之體。但因習慣難改，最好每日恆心持續去改。

道也無涯，生命苦短，在短暫的生命中欲修太極拳正果，恨不得如吳老師所說一日當三日用。然而每個人大都有家庭、事業的羈絆，不可能每天有

太多空閒時間修習，因此最可行的方式是乘廢時與太極生活化。在日常生活中除利用休閒時間外，並利用任何可兼用的時間及機會，隨時以太極之理改習慣、養習慣，篤而行之。雖不一定能得大成，卻必然可獲超越常人的成就。

壹拾壹

太極拳的一點點東西

推敲近年吳國忠老師之教學，常要求在細微的地方用功，而吳老師以八旬之壽，拳藝猶然進步，此無他，當是在許多細微之處有所突破致之，為此，吾以吳老師教學之要點，試舉幾項體察之。

一、前三個月功夫

1. 前三個月功夫是築基功夫：

萬丈高樓從地起，地基越深，房子可蓋得越高，常人好高騖遠，喜好往上堆砌，不欲往下紮根，故受限地基淺薄，功夫難往上築高。前三個月功夫猶如地基，必須痛下苦功，深築地基，方期日後有所成就。

2. 少則得，多則惑：

凡事少則得，多則惑，前三個月所學尚少，正

可專心一志，勤習勤練，以求精熟與體悟，正所謂上士聞道，勤而行之也。若今日學的功課尚未熟習消化，卻巴望老師明日會教什麼新招，日積月累，必陷入多則惑的困境。

3. 循序漸進，內外相兼：

以實務來說，太極拳是習反用反，以柔弱勝剛強，牽動四兩撥千斤，這些理都存在於拳經或道家學術；法則在於吳老師日常的授課中。

太極拳的外形動作是內功的載體，也就是說功架動作猶如硬體，內功猶如軟體。硬體不佳，容不下軟體，則空有上等軟體亦不能用；有好的硬體，如果缺乏軟體，應用效能也要落空。硬體可學而得之，軟體則須重修養與領悟。當硬體部份建立之後，正需要藉該硬體去修養與體悟軟體之效。

習內功貴在虛極靜篤的情境，最忌貪多，因此在前三個月的功夫最為單純，最易啟發。譬如說預備式須求動作的準確與熟習，動作準確與熟習之後，方能知怎麼去掌握動作上的中定、分清虛實、不動手、一動無有不動、一靜無有不靜與節節落筍等；再之後，方可植入內功，修習內氣上的中定、分清虛實、不動手、一動無有不動、一靜無有不靜與節節落筍等；再之後，方有所謂濁氣下降，清氣上昇之類的現象。行氣無礙之後，才可能有神勢之體悟。

老師曾說：「得一手，即可得千百手。」一個預備式如果真正搞懂之後，太極拳之體用，大概可得解過半矣。

二、左掤之「理」

吳老師在某日要安妮師姐報告左掤第六動右手之理，講得很精闢，是因為她很用心蒐集資料；吳老師評得更精彩，入情入理。在道幾，左掤式提的理應是指拳理的理，吳老師以前在教斜飛式時，多次提到理馬鬃的理，吳老師要安妮師姐報告左掤，則應著重理馬鬃的理字。老師說騎師藉由理馬鬃以知馬性，太極拳左掤手掌之下理，則藉由丹田、湧泉、尾閭、夾脊，透到勞宮之一貫之氣，覺察空氣之流動變化。

若掌心接觸的是物品時，則當覺察物品種類、紋理、粗硬、巨細等；若掌心接觸的是人的手臂身體時，應覺察對方的虛實、動靜與全身各處丟、頂、斷、抗狀況等。簡單的說，理就是要訓練聽勁，進而步入懂勁的功夫。

三、一點點功夫

鄭師爺曾對吳老師說：我在美國傳播太極拳，我會為台灣保留一點點東西。將來學太極拳架或學推手可以到美國學，但是太極拳應用發勁，必須要

到台灣學；學五十四式太極劍式、劍法可以到美國學，但是太極劍應用、對劍，必須要到台灣學。

乍聽之下讓人很納悶，按常理思維，太極拳不都是從拳架、推手練出來的嗎？老師也曾說過：太極拳功夫都在拳架細節裡。同樣的，太極劍功夫亦都在劍式劍法上。

那為什麼在美國學拳架、學推手，學不到太極拳應用功夫；那麼豈不毀了師爺的令名？其中必有緣故，試探討如後：

1. 師爺是愛國主義者，教外國人留一手：

師爺必是愛國主義者無疑，但是教外國人太極拳未必留一手，但是中西文化有隔閡，中華文化最精微之處很難對外國人說的清楚，外國人更是難以理解。

2. 太極拳應用功夫的定義不同：

學練太極拳架、推手、劍式、劍法後，身體鬆柔了，手腳俐落了，根力進步了，勁道亦有些了，若加上對戰經驗，體能上焉者，以一敵眾亦有可能，一般人亦視之為了不起的功夫。但師爺身為五絕老人，身兼楊家與道家的傑出傳承者，眼界自然不同。師爺說的太極拳應用，應是以四兩撥千斤，力小勝力大，不擊自擊，無為而無所不為的應用功夫。

3. 一點點功夫的省思：

若按前述師爺所謂的太極拳應用，其實和一般人認知有天壤之別，而師爺為何說是一點點功夫呢？而這一點點功夫究竟是什麼？師爺曾說太極拳崇黃老學術也就是道家學術。道家主張無為而無所不為，尤其道家論學與用的關係時說：「為學日益，為道日損，損之又損，以至於無為。」也可以說為學是多多益善；為道則是損之又損，只求旁人見不著的精粹。

師爺給美國的是讓美國弟子多學；要求吳老師的是損，是不斷的捨，不管是引以自豪的家學或九年水鬼功夫都得捨，最後剩下的就是那一點點無為而無不為的黑洞。此與王宗岳宗師拳論所說：「本是捨己從人，多誤捨近求遠，所謂差之毫釐，謬以千里。」不謀而合。

四、太極拳妙在二氣分陰陽

某師兄曾問吳老師有關太極拳妙在二氣分陰陽的含義，吳老師卻要他自己去體悟。吳老師說：如果給你解答，那仍是老師的，不會成為你的。在此略述我的淺見如下：

太極拳妙在二氣分陰陽之詞出自師爺《體用全歌》，學過太極拳的人大概都看過或聽過，但懂得其真義的大概不多。太極之名著於易，易有太極，

是分二儀。二儀即陰與陽,是世間二種相對應與相形成的性質。在太極內,陽消陰長,陰消陽長,變化不息。陰陽是無時無刻,處處自然存在的。重點在如何分祂?妙在何處?很多人把這個「分」字當成切分,而成一邊一國,這可能是誤解。

我認為「分」應該是注重在「分辨」。在十三勢進行中,以至於任何動作或非動作的進行中,皆涉及如何去分辨陰陽的變化。大多時候,我們都可用虛實或剛柔來代替陰陽的。如果我們能夠在應用時,即時分辨敵我虛實、剛柔、陰陽的變化,從而知己知彼,則離百戰百勝不遠矣!

二氣分陰陽之「妙」是妙在以極虛靜的即時自然感應周遭內外微細的變化,這個即時是在始動先機之霎那,時間愈短愈妙。因此,當下是不能有任何思考,須是《道德經》「常無欲以觀其妙」的妙。是自然而然、損有餘而補不足的習性反應,和常人的損不足而補有餘的習性,是反其道而行的。

五、結語

中華文化裡;道家、儒家、佛家經書裡;太極拳經裡,處處都有太極拳道的蹤跡。但是上士聞道,勤而行之;中士聞道,若存若亡;下士聞道,大笑之。只求聞道、研道,不如即時、一小步一小步確確實實篤行。

真相原來如此

一、前言：真相，原來如此

鄭師爺沒有騙人，三清觀果然存在
三清觀後太極門，太原東門馬家屯
老師萬苦三清行，覓得三純圓滿證
三純太極拳絕學，果有道家真傳承
祖師源頭流遠長，八洞排列傳真意
碑文句句是實證，壁樑畫中藏秘藏

民國一零三年，神龍獲得了一件天大的喜訊，就是發現了左家祖庭三清觀，老師除了結了魂縈夢牽的心事外，亦得了「原來如此」之悟，功夫更上一層樓。

道家傳統太極拳既是純道家、純先天、純炁功的功夫，祂是無形無相的玄妙功夫，老師了悟並急切和盤託出，用各種新教法告訴同學，卻不代表同學能輕易了然。雖然「道可道，非常道；名可名，非常名」，但是老師不得已，必須要用言語文字來表達他老人家的領悟，但我猜想，老師這次的悟一定還有很多無法用言語表達的。因此，如果只想從老師近年來的言語文字冀求了悟道家傳統太極拳，

是極困難的。

也就是說老師的「原來如此」，不代表是同學的「原來如此」。老師常說太極拳是問己的功夫，但如果不知確切一切真相，問己也是枉然。

那麼，我們要怎麼去找我們自己的「原來如此」？我們「原來如此」的真相是什麼？這問號可能就是我們功夫不夠進步的關鍵。當然，每個人的「原來如此」需要的答案都會不同，從我長久的接觸、觀察同學狀況與自我的檢討體會，尋思幾個重要因素，也許可做為很多人的參考。

二、喜新厭舊以致基礎不夠紮實

太極功夫的養成是從基礎到深入都一樣重要，有時候，可能更應重視基礎功夫。老師曾說：「學功夫不重視基礎，如同沙灘上建高樓，不切實際。」但是，同學們似乎都認為，越新學的東西越重要，而忽略了起始所學的基礎。因此老師曾說我們功夫不進步的原因是前三個月的功夫沒完成之故。

三、體用不能整合致體用無法相兼，體用進步在知錯改錯

師爺《體用全歌》說：「體用相兼豈有他，浩然氣能行乎手。」另又說：「有斯體，必有斯用。」

外在上的形體及其動作、方法、流程和內炁流行及神勢的蘊涵等都屬於「體」。「用」是應用霎那，成效的顯現。如無整合完備的體，也必無法達成應用效果。若不能達成應用效果，須於「體」上偵錯及改錯。

師爺曾說太極拳是改錯拳，又說改過在靜慮。能知錯、改錯，太極拳體用之進步才有可能。

四、「為學日益，為道日損」未能落實，致難以入道

道家傳統太極拳是純道家、純先天、純炁功的功夫。是無形無相和無為而為的形而上的內在涵養，非僅靠學習可達成。

學習太極拳到最後發現不能用的原因很多，但學太多、太雜常常是主因之一，以致臨場不知正確使用而喪失先機。

道德經云：「為學日益，為道日損。」日益是補不足；日損是在為學的基礎上精煉而損有餘。太極拳每個學習階段都需要損有餘與補不足的學習與涵養，不斷損益後，無為大道或許會露出曙光。

五、結語

老師的「原來如此」，是老師的悟道。嚴格來說，悟也有很多層次的，有些同學也許也有悟的經

歷，但和老師高層次的悟道而言必然是有差異的。
禪宗說：迷時師渡，悟時自渡。在自悟前，還是需
要腳踏實地，勤習、勤練、勤改，將來有一天，也
許會豁然，找到真正「原來如此」。

壹拾參

虛

學太極拳時，老師常講要虛實分清、虛靈頂
勁；於練太極拳內功時，老師要我們首先要虛極靜
篤。然而我們從小到大，所有教科書或師長，都
要我們務實不要務虛，即所謂：君子務實，小人
務虛。務實與務虛此兩種全然不同的觀念，有何區
別？有什麼作用？

老子《道德經》云：「為學日益，為道日損，
損之又損，以至於無為。」似乎給務實與務虛的分
別下一註腳，亦即所有的學習都要追求充實精進，
這就是務實；但道德功夫的修養，卻是如何去減損
我們所學到的學問與能力，就是道家的務虛。

太極拳是游於藝、進於道的功夫、換句話說，
太極拳的最高境界是進於道。因此學太極拳到較高
層次時，必須務虛。要虛極靜篤、要日日損、要日
日改。

太極拳是武術，在古時，它更是攸關生死的搏鬥，在生死的搏鬥中，務實的求取勝敵、破敵，以獲取生存的方式，這是大家比較能理解的。

如果是務虛，如何務虛？有何用處？一般人確實難以理解。

太極拳理常講不受。在對敵的情境中，兩人對戰。一方以巨力攻擊另一方，另一方的反應不外乎如下：

（一）以巨力還擊，結果是二敗俱傷，或力大勝力小。這不是太極拳。

（二）逃遁，結果是慢讓快，夠快的話，或可逃之夭夭，慢的話，必陷危殆。這也不是太極拳。

（三）不知所措，引頸受戮。這更不是太極拳。

（四）太極拳方式的不受，以虛手接敵，不受而引進落空，從而牽動四兩撥千斤，輕鬆退敵，可不傷己亦不傷人，必要時，亦可殲敵。這是太極拳用虛的作用。

太極拳發勁常被提到得機得勢，在對敵的情境中，兩人對戰，一方以凌厲攻勢攻擊另一方，此時攻擊之一方為實，另一方則以虛受實（*此亦可稱為不受*），緩解來攻之力，除以空間抵消來力外，並以空間換取反應時間，待敵強弩之末（*孫子兵法云：先為不可勝，以待敵之可勝，亦是此意*），所

謂強弩之末，不能穿縞矢，敵此時正是最脆弱的背勢。此時，順勢牽撥或順勢發勁回擊，皆允為得機得勢。故太極拳得機得勢亦由用虛而得。

虛者，神鬆、體鬆也。皆鬆淨後，可得行氣之順暢與自然。太極拳發勁，氣到而已，亦即虛極鬆淨可得發勁之順暢與自然。

鄭師爺說：「太極拳是改錯拳。」又曾說：「改錯在靜慮。」靜慮即虛心問己也！故虛心問己是知錯改錯的不二法門，當太極拳所有疵病改得越徹底，則太極拳的功夫無形中更進步。這也是太極拳用虛的效能。

禪宗六祖的明心見性，亦是從虛而得。神秀云「身似菩提樹，心如明鏡台，時時勤擦拭，毋使惹塵埃。」此境界已近乎聖人之境，然而猶心中有物。故而六祖云「身非菩提樹，明鏡亦非台，本來無一物，何處惹塵埃。」心中本來無一物，是寂靜虛空，是透空無染，方得明心見性。太極拳的明心見性基於此。

老子道德經談虛的篇章很多，最著者為「及吾無身，吾有何患？」活生生的人，使自己虛空到無身、無患，好似隱形人。這在太極拳的應用，豈非無往而不利。

壹拾肆

一舉動周身具要輕靈之探討

在張三丰太極拳論的首句為「一舉動周身具要輕靈」。它究竟有何重要？究竟是什麼原因被放在拳論的首句？是值得深入探討的。

太極一詞取自《易經》，易有「太極」，是分陰陽。易含有不易和變易，但是易經主要是講變易的哲學，易經是聖人仰觀天象，俯察萬事萬物的道理而成，故而其變易則是以自然而然形成的。太極拳是承襲太極義理的武術，因此它是極注重變易的因素及應變的自然通達順暢。

人的感應能力來自神經系統及行為習慣等，由感知到應變是否即時及適當？雖和每個個體之感應能力有關，但輕靈是必要條件之一，亦可說變的基本原則之一是輕靈。

輕靈的效能是阻力的減少及能量損耗的降低，換句話說也就是己身不受力及轉換效率和靈敏度的提昇。輕靈的前提是鬆柔，鄭宗師曼青先生致力提倡的鬆淨自然與不動手，就是透過鬆柔與不動手達到輕靈及減少動能之損耗。

太極拳效法道家至柔馳騁至剛的理念，極講究鬆柔，因此太極拳的「一舉動」便是變化為鬆柔的

開始，因此必須周身俱要輕靈，如確能輕靈變動，則能達到感知對方之虛實與遲速，這是聽勁的重要基礎。拳論將「一舉動周身俱要輕靈」擺在最起始，代表其重要性，它為什麼重要？是因為太極拳與所有武術或者運動不同的地方，在於其它武術或是運動都強調力量、強調穩重，而太極拳卻是強調不用力、強調輕靈，所有的武術或運動都是在消耗身體能量，而太極拳卻是主張儲存能量。

　　而輕靈的目的：就練拳來說，是要在練拳的過程中，盡量的減少身體能量的消耗、減少運動傷害、增進行氣的機能及動作的靈活度等等；在武術應用來說：是促進聽勁及懂勁的階梯，唯有自身常保最輕靈狀態，方能在與人互動的過程中，察覺對方在筋、脈、膜、膈的微小變化，並作出有效的應變；在接勁時，輕靈即能減少己方能量的消耗，較少阻力的達成陰陽相濟的平衡狀態，也就能更完整的接牢對方來勁；在化勁時，輕靈能無阻滯的也就是最小消耗自我能量的走化對方來勁，使對方的感知系統來不及反應而落空；在發勁時，由於我之輕靈使對方來不及反應而落空，亦由於輕靈使能量不浪費，再由於陰陽相生相濟的轉換，借對方的來勁毫無阻滯，毫不打折的返還到對方身上，這也就是借力還力的涵意。

　　另以生理機能來說，身體輕靈代表身體各方面

都是鬆柔的，也代表機能是年輕的，更代表是健康的，其道理和萬物的自然現象符應。

　　萬物其從初生到成長茁壯過程都是柔軟，其凋零老化時，都是僵硬的。反過來說，要保持周身的輕靈需要周身都是健康的，而時時保持輕靈的身體就是促進健康之道，拳經有句「壽人曰柔」即是透過鬆柔的運動，保持身體的輕靈鬆柔而達到健康，進而達到長壽的目的。

　　一舉動是身體的始動，也代表太極之始動。而太極始動陰陽驟分之際，在身體是虛實的始分，此時身體也必須要分清虛實、不頂不抗、不用拙力，才能達到輕靈，而周身處處虛實分清、不頂不抗，身體即可處處輕靈，所以周身俱要輕靈亦同時需要周身俱要分清虛實。分清虛實需要訓練感應能力的敏銳，感應能力和人體的神經系統有關。

　　身體輕靈鬆淨，可使精神明朗，腦中樞靈明，有助神經系統的敏銳，更促進分清虛實的感應能力。太極拳所注重的聽勁，其最根本的基礎就是分清虛實的感應能力。

　　太極拳的周身輕靈不是孤立存在的，它的後句是「尤須貫串」和「氣宜鼓盪」。也就是說，它必須和氣的貫串和鼓盪連接起來。才能成為有用的輕靈。

　　談到輕靈，有必要對這個「輕」字的概念，再

做深入一些的探討，輕除了可以用生理及心理的運作來促進，例如：把心情放鬆、把肌肉放鬆、把施力放小……等等，除此之外，地心引力的作用則是無可逃避的課題。

地心引力通常以重量的方式呈現，在兩腳虛實分清或兩腳虛實交替的情境，重量和重心都是值得重視的課題，當全身重量在單獨一隻腳時，那一隻腳必須負擔全身的重量，這個重量肯定無法消去的，你如何擺脫？

有些人便以雙腳來共同分擔，但在太極拳的理念來說，維持雙腳同時用力，即是所謂的雙重，是不正確的方式，拳經謂此為「雙重則滯」，會嚴重影響身體轉動變換的靈活性。

那麼，要如何克服地心引力作用的影響以落實周身輕靈呢？太極拳真能擺脫地心引力的作用嗎？更積極的說，太極拳能否運用地心引力嗎？

以下是筆者的探討分析：

一、輕不是絕對的概念，而是一種相對的概念，是一種相對於重的一種感覺。當我們心情沉重時，會感覺腳步比平常更加沉重；當我們疲憊時，兩腳便會有不勝負荷的壓力。而其實，若相同的體重，不管何時，身體所受的地心引力都是一樣的。因此，個體對地心引力的感受，會受到當下精神、心境及身體狀況之影響。

二、若排除位能、動能與衝力，地心引力幾乎是恆定的。例如：猛然下蹲時或蹬腳上跳時，都會因位能、動能與衝力的變動，而影響改變地心引力對身體作用的大小。身體是個複雜的構造，當外表雖在靜止狀態，但體內血液與內氙仍在繼續運作，其對身體的地心引力的感受與實質影響雖微乎其微，甚至不感覺其存在，但不代表沒有。

三、身體受地心引力作用的影響會隨時間累積，例如：腳掌承受地心引力作用而不動時，一段時間後，會覺得酸痛而忍受不住，此即腳掌對重量的感受，已因時間而累積。我想，這就是本門太極拳不主張站樁的原因吧！

四、身體承受重量的面積愈大，則單位面積所承受的重量愈小。例如：腳掌承受體重，若腳掌滿掌貼地，使體重平均分佈於整個腳掌底面，比腳掌少部分貼地僅該少部分區域腳掌承受體重，單位面積承受體重會更少一些，這也就是本門太極拳主張滿掌的原因吧！

五、練太極拳於身體端正時，比身體偏倚時，身體各部受地心引力作用會較平均，相對來說會感覺較輕；同時，如果調整身體到最輕鬆舒適的狀態練拳，身體各部受地心引力作用的感覺也會較輕，這也就是練太極拳，身體要注重基準八法的要求所在。

六、綜合上述五點分析，我們可以找尋減少地心引力對人體作用的影響，以增進周身俱能輕靈的要領，方法如下述：

（一）練拳時一定要將心情放鬆、身體放鬆、愉快的、好玩好玩的練。心情放鬆即是神態放鬆；身體放鬆促進肌膚、五臟、百骸皆鬆。這種方式一旦養成習慣後，遇到情緒不佳時，一動手練拳，即不由然的把不佳的情緒一掃而空，使練拳成為一種高效放鬆劑。體鬆有助神鬆，神鬆有助體鬆，神、體皆鬆即為輕靈的要件。

（二）太極拳有所謂「動在靜中求，靜在動中求」，當我們移位到一隻腳時，即使身體已暫時停止，但行炁卻不能停止。鄭曼青師爺說：「太極拳三十七式，行炁而已。」因此，在整個練拳過程中，內炁運行都是不止息的，因為，行炁不止息，它能有助於減少地心引力作用的累積，並減輕對地心引力作用的感受。甚至如果我們能夠練到以行炁將地心引力下引至地底下，同時並上引至夾脊並透出勞宮，則我們的身體似乎變成地心引力的通道而已，那麼，地心引力不再是我們的負擔，而是成為我們借地力的能量來源。

（三）須訓練自己能將身體筋膜鬆開，而注之以炁，使體內炁遍周身，尤其是手、掌腳掌底，多了多層緩衝墊，它能高效化解地心引力對身體的不

良作用。

（四）練拳時要維持中正安舒，旋轉必須沿著貫串的中脈軸心。中正安舒能使身體平均受力，助長輕靈效果；旋轉有單一的軸心，方能轉動輕靈無阻力。

壹拾伍

探索太極拳的知與行

一、前言

受到武俠小說的影響，習武之人，總是期望找到武學秘笈，輕鬆快速的練成武林高手。事實上，武學秘笈處處都有，但是能夠正確解讀且能夠學成者，真是鳳毛麟角。以太極拳來說，古今各家著作汗牛充棟，先不論各家著作的素質如何？但很多著作都會把張三丰及王宗岳的太極拳論，及其他太極拳先賢的歌訣，附帶登載，只要有心接觸太極拳的人，對這些經論歌訣大概不會太陌生，而這幾篇經論歌訣，其實就是太極拳重要的武學秘笈，但是有多少人能正確解讀且能夠真正受益呢？

二、知行合一

文字本身只是傳達知識的一種符號之一而已，文辭內所蘊涵的意義才是知識。但知而不行，知識是死的；不知而行，是茫動。唯有懂得運用知識，才會從中受益。

瞭解文辭內所蘊涵的意義，是知的主要途徑之一；不停的以行動運用知識，屬於行。由篤行中獲取的經驗，回饋，進而更深化知的內涵，使文辭的知識成為有實用意義，這就是知行合一的意義。知行合一才是學習與處事的最有效途徑。

三、太極拳的知行合一

就太極拳來說，正確的認知與篤行更形重要，例如：若已體認先賢經論歌訣的重要，則要立志篤行，從篤行中體會經論歌訣每一句文辭真義，使每一句文辭真義與篤行的動作中的每一個外在及內在的意義相連結，若不能如此，就是學習者的用心不足；若無法如此，則要趕緊請教你的老師，若你的老師也無法如此，則勸你趕緊另投明師，否則必將蹉跎一輩子，而不得進入太極拳堂奧，後悔莫及。

四、太極拳現在進行式的知行合一

尤有進者，太極拳的行比一般學習者的行，更

為嚴格而細膩，在太極拳行的過程中，尤須掌握各種動辭的現在進行式，因為太極拳號稱為長拳，所謂長拳者，不是招式多、演招的時間長，而是在全部動作中，不論是內動或外動的要求，都要延綿不絕，我姑且稱之為現在進行式，其義和英語動詞的現在進行式相當（動詞後加 ing）。例如：行氣的要求、鬆淨自然的要求、分清虛實的要求、整體一致的要求、無使有凹凸缺陷的要求、尾閭中正神貫頂的要求、先陰後陽至陰陽相濟的要求、由下到上與由內到外的要求……等等，都要將這些要求當做動詞現在進行式，以維持進行式的要求，不要中斷（對初學者來說要儘量不要中斷）。

五、結語

太極拳是一門中華獨特的武術，其文化淵源是宗黃老學術，又結合儒、釋學術，源遠流長，淵博深廣，盡吾人一生追求，知且不及，何況還要篤行以體悟。

故以正確有效的學習，以收宏效，是及早登堂入室的法，謹提供知行合一的要法，希讀者看完本文後，立刻行動，不論是太極拳的學習，或是其他種種的學習，都請嘗試知行合一之法，庶幾開卷有益也！

壹拾陸

漫談〔打、拿、摔、踢、穩、忍、狠、耐力〕

一、前言

老師講課談到打、拿、摔、踢、穩、忍、狠、耐力八句，略謂：這打、拿、摔、踢是外家拳的最重要功夫；穩、忍、狠、耐力是養性的最重要修持，太極拳也是當然如此嗎？

老師要我們好好思考，做為可以區別外家拳與傳統太極拳不同的思辨，並提出心得報告。

二、打、拿、摔、踢

老師說：任何外家拳功夫，包括中國的各種外家拳功夫，及東亞的跆拳、空手道、柔道、泰國的泰拳、西洋的拳擊等等，基本上都是打、拿、摔、踢的功夫，太極拳則不然。

有些武術前輩把形意、八卦也和太極拳一起歸類於內家功夫，老師對此也持不同見解，認為形意、八卦仍舊是外家拳功夫，因為它仍舊屬打、拿、摔、踢的功夫，老師在未學太極拳之前是外家拳高手，包括形意、八卦都很精通，因此老師說法必然不假。

如此說來，內家與外家拳功夫分別，端看是否為打、拿、摔、踢的功夫來判定。

究竟是什麼理由？以下先略為探討打、拿、摔、踢，先求瞭解打、拿、摔、踢意涵，再來推敲它和傳統太極拳的不同。

（一）打

任何以手部（包括肩、肘、腕、掌、拳、指、等）為動力，直接施力攻擊對手的方法，都可歸類於「打」。

它的要點是企圖以最大的力量、最直接的方向、最快的速度攻擊對手，講究的是力大勝力小、手慢讓手快。

這點在王宗岳《太極拳論》裡將之歸類於旁門（非太極拳正統），它只是在強化先天自然之能，非關學力而有為（亦即只是在鍛鍊力量而不是在學太極拳）。

太極拳求力小勝力大，以四兩撥千斤，顯然不是力大勝力小、快欺慢。

（二）拿

「拿」亦稱擒拿，是以手施力拿住對手關節或要害加以攻擊，以消減對手反擊能力，通常有節、拿、抓、閉四法，講究對關節的攻擊要準、要拿穩、要抓對要害、要封閉對手反擊能力（癱瘓對手）等等。

　　基本上是以巧力攻擊對手弱點，仍然脫不了力大勝力小、手慢讓手快，只是在力不足以致勝時，施之以手部的技巧而已。

　　太極拳講求捨己從人，至一羽不能加，蠅蟲不能落，敵不知我，我獨知人，豈同於主動快速用手準確擒拿施力的擒拿功夫。

（三）摔

　　「摔」亦即摔角之類，屬於實戰功夫，是蒙古人的擅長，蒙古人生活在滾滾黃沙的大漠，一天到晚在馬背與黃沙中打滾，摔角已成為他們的習性，因此蒙古力士能在日本相撲界（相撲功夫和摔角雷同）闖出輝煌戰功，元朝能橫跨歐亞，除馬術的超絕外，亦部分植基於此。

　　摔角是內練氣力，外練筋骨皮，求力壯與技巧結合，和求力小勝力大、以四兩撥千斤的太極拳亦顯然不同。

（四）踢

　　「踢」是專以足部攻擊對手的功夫，如彈腿之類，泰拳及跆拳亦擅長於踢。踢和打只是施打部位不同，其他求力、求快、求準的要求皆類同，因此踢和打常被混合運用。因為用踢攻擊時，至少一腳會在空中，因此重心極為不穩定，必須非常快速完成踢擊動作，以免被反制。

　　踢擊必須求力、求快、求準。在對打雙方鼓力

相抗，除非力量懸殊，否則難以全身而勝（勝而不受傷）；在雙方皆求快時，攻擊準確度定然大大降低。既然踢擊求力、求快、求準，是屬於外家拳功夫，當然是和內家太極拳不同類。

綜上打、拿、摔、踢四項既是外家拳功夫，那麼內家的傳統太極拳難道完全沒有打、拿、摔、踢的動作嗎？這是許多習太極拳者所難以釐清的地方。

太極拳式裡有捋、有擠、有靠、有按、有蹬、等等的動作，這些動作如果以純粹招式動作來練，久之，難以和外家拳分別。

我認為拳式動作僅是練功的平台，拳式會之後，要藉各種不同平台以追求內在的養氣（守丹、養丹）與陰陽二氣之自然運行，再由行氣之順暢與否回頭修正拳式動作，如此反覆練習與修正，最終要完全符合《張三丰太極拳論》、《明王宗岳太極拳論》、《十三式行功新解》、《體用全歌》、《十三式歌》、《打手歌》等六篇太極拳經論、歌訣所要求的要領與方針（六篇全文內容在此不贅述）。

例如：由腳而腿而腰，總須完整一氣（太極拳不是打、拿、摔、踢的手腳功夫）；人剛我柔謂之走，我順人背謂之黏，動急則急應，動緩則緩隨（太極拳不用力，是沾、黏、連、隨的聽勁、懂勁功夫）；太極拳十三式妙在二氣分陰陽（太極

拳訴求不在招式，在分清陰陽二氣）；本是捨己從人，多誤捨近求遠（太極拳捨己從人，不用己力打人）。

如果太極拳內納入道家內功，則更能體會六篇太極拳經論、歌訣之意境。

三、穩、忍、狠、耐力

（一）外家拳的穩、忍、狠、耐力需求

外家拳拳法除了打、拿、摔、踢之外，外家拳的應用還有強調穩、忍、狠、耐力。

1. 外家拳為求快，求用力，很容易失去重心，所以必須求穩，因此外家拳需要有各種樁步的訓練。

2. 外家拳是以力相搏，常常是浴血苦戰，必須有打斷門牙和血吞的堅忍，才能有機會獲勝，在訓練時也是要有超乎常人的堅忍，訓練被踢打，被摔，指插綠豆、鐵砂等等，忍受傷痛以磨練出堅忍不拔的意志。

3. 外家拳是力量的對決，是關乎死生的搏鬥，無論是對敵或對己都要狠得下心，如稍一存婦人之仁，則可能造成敵勝我負的局面。因此要求狠。

4. 外家拳是力大勝力小，是拼全力以求力大，因此力量消耗非常快。到力量不濟，力不從心

時，便是敗亡時刻，因此非常注重體力的鍛鍊，以培養臨戰耐力，常在學功夫前先經歷挑水劈材苦差，練功遵守前七後三，決鬥前抑制行房，以求體力的保持。

（二）太極拳要不要穩、忍、狠、耐力

太極拳不同於外家拳，太極拳講究輕靈，以四兩撥千斤，借力使力，因此外家拳式的穩、忍、狠、耐力需求，太極拳都可以不需要。但是另從修持的角度思考，太極拳亦有必要在穩、忍、狠、耐力心性上正確的培養。

1、穩

太極拳拳論開宗明義曰：「一舉動周身俱要輕靈」；鄭師爺亦曰：「定無常定」，因此太極拳不注重追求形態的安穩。太極拳所追求的是與穩意似相近，但實際不太相同的「中定」。鄭師爺說：**定無常定，不失中定，方為中定**。是對中定最好的詮釋。

如內外有形無形的中定掌握得好，看起來亦會似穩重的樣子。尤其內在無形的心意，如真能不偏不倚，必能承受外在極大壓力的震撼而不為所動，這可以說是「大穩」。

2、忍

太極拳宗法道家習反用反，在忍方面，是往不忍修持，不忍至極，是為「大忍」，及吾無身，又

有何患？

故王宗岳太極拳拳論結論曰：本是捨己從人，多誤捨近求遠。捨己從人是不受，也就是不忍。

3、狠

狠是兩面刃，對敵用狠，短期似得到便宜，但長遠來看，亦會傷己，似難解決問題，中東戰亂即為殷鑑，美國再強再狠，能消瀰中東戰火嗎？能永遠解決恐怖報復嗎？因為此狠是恨之根源。

太極拳是中華文人拳，是王道文化的化身，因此，所有拳論都不提狠字。但有一種狠是可以的，那就是狠得下心來改錯，狠得下心認真練習。

4、耐力

太極拳又被稱為懶人拳，是因為它在追求體肌耐力上，遠不如外家拳。但是每見外家拳者練完一趟拳氣喘吁吁，而太極拳者練完長拳仍然氣定神閑。不但如此，高明的太極拳者對練或對打，也要始終氣定神閑。何故？

太極拳不用「餘力」，也就是在自己氣力支用上不多用一兩，在接敵氣力上多一兩不受。不多用一兩則不被抗，多一兩不受則不抗。能不被抗與不抗，稱為省力，省力當然就能持久（以一兩為基礎，漸至一羽不能加，蠅蟲不能落）。

壹拾柒

發揮黏連貼隨的極致——毒蛇喫腕

　　太極拳推手目的在練習沾、黏、連、隨，同時也就是在練聽勁及懂勁。

　　鄭師爺在鄭子太極拳十三篇第十一篇，談到聽勁時曰：「惟柔乃能與對手黏連相隨，能黏連則我之氣與彼氣相接觸，欲測其氣之動靜故曰聽。聽勁後越練越精即為懂勁。」又曰：「氣由乎筋、脈、膜、膈。」

　　所謂黏、連、貼、隨，係太極拳對陣中，與對手的接觸，先是用「沾黏」，沾黏代表用極輕柔的與對手接觸，只能沾到對方的衣服或皮毛，不能絲毫頂到肌肉，目的在使對方無能察覺及應對你的接觸，此即為「敵不知我」。

　　沾黏觸之後要能黏住，太極拳的黏必是要極為輕微，但卻不能鬆脫。要由黏牢對方皮表來刺探對方動作上及體內的陰陽、虛實、剛柔狀況，以及用力的大小、遲速與氣行的順逆……等等之所有資訊。

　　把自己變成對方的影子，做如影隨形的應對。因為與對手的互動是動態的，因此黏也須是動態的，把自己和對手連為一體，彼動則己同動，彼

停則己同止，此即所謂「動急則急應，動緩則緩隨」。

也就是說這個「如影隨形」需要黏和連和隨三位一體搭配。然而，影子是無質量的，以有質量的人體要練成無質量的影子，基本上是不可能的，只能是相對的狀態，亦即你要比對手輕靈，使對手捉摸不到你的形體動向，而你卻可以不受、順承來完全探知對手的動向，這種能力在太極拳就是所謂的聽勁與懂勁，這種能力亦如同電腦的資訊辨識與反應處理能力。

太極拳互動資訊的來源是透過皮毛的接觸，具體的說，是透過皮毛探測皮毛下筋、脈、膜、膈的動靜，更精確的說，應是透過皮毛探測皮毛下筋、脈、膜、膈內傳導物質的動靜。這傳導物質包括神經的傳導與氣的傳導，尤其是氣的傳導，在氣遍周身的狀態下，全身筋膜充滿氣，而全身筋膜連為一體，全身筋膜充滿氣形同一個氣囊，能產生氣的波動傳導，此氣囊除了傳導體內訊息，還能蓄積能量與傳遞能量。

道家太極拳內功主要就是在探索、訓練以及應用氣在體內的運作功能。

毒蛇喫腕，係以手觸對方手腕寸口關節處，並以隨敵繞動黏住對方的手腕，便於探測筋、脈、膜、膈之氣機，彼微動，我聽而知之，隨之。猶有

甚者，氣能得化勁而進乎精神之作用，目之所注，神之所到，氣已隨之。氣能運身，不待動心，而神可挾氣而行，是為神力，亦可謂之神速，是為懂勁極致，此乃階及神明。

　　然而，雖然以神挾氣而行，可得神速神力，奈何人體是血肉之軀，且體內擁有兩百多根硬骨頭，如何能化為柔軟與輕靈？拳訣有謂軟無骨，何以致之？鄭曼青大師曰：「**力由於骨，勁由於筋。**」答案已躍然其中。

　　要擺脫骨的剛硬，只有將骨節鬆脫，由筋直接連結（筋包括筋膜、韌帶與肌腱），並充氣於筋的網膜及骨節中的虛隙內，以得筋的柔韌勁，以此柔韌勁，方能配合神挾氣而行的基本條件。

　　通常，手是最易接觸對手的接點，手腕寸口是醫家診脈的要點，太極拳家以手（通常是以手指）接觸對手寸口要點，並以極虛靜與極輕靈的聽勁沾黏貼著對手的寸口要點，無孔不入的滲入對手所有體內訊息的關要，並連隨對手，如同是對手的影子，使對手被無形的層層束縛，有如讓對方如毒蛇喫腕，揮之不去。達此境界除了已然精於黏、連、貼、隨，相信即使外家擒拿之絕招，節、拿、抓、閉，亦無所施其技矣。

壹拾捌

不動手探究

在《鄭子太極拳十三篇》「緒論际（古視字）本末」篇有謂：

楊師澄甫之分釋太極拳諸要點首言曰：「每於練功架或打手時講解曰：練太極拳者不動手，動手便非太極拳。且戒之曰：健侯老先生之教人，每引拳論曰：由腳而腿而腰，總須完整一氣。又曰：其根在腳，發於腿，主宰於腰，行乎手指。謂手必要相隨不可自動，於此可以見本末之不相離也！且行功心解首謂以心行氣，以氣運身，亦可以證手之不得自動，明矣！」

由以上敘述可知，所謂不動手有兩個重點，分述如下：

一、「練太極拳者不動手，動手便非太極拳」

這句話是楊澄甫大師所傳再由鄭師爺轉述，毫無疑問是楊家太極拳的要求。由動手與否來認定所謂太極拳是否是真正太極拳？

因此不動手便成了一個準繩的作用，提供學習者正確的練習；亦提供教練修正從學者太極拳參考項目。

二、「太極拳者不動手，是手不自動」

太極拳是武術，是和萬物以及不預知的對手的互動，是不可能不動手的，因此對於不動手，楊健侯大師下個註腳，即不動手是「手不自動」，須隨由腳而腿而腰所行的完整一氣而同動。亦就是要合乎「以心行氣，以氣運身，運而後動」的要求，這要求是《行功心解》所立的。

練太極拳不動手，看似簡單，但觀察目前所流行的太極拳，卻極難找到合乎標準的，這是什麼緣故？

人類之所以異於動物，是因為人類首先擺脫四腳爬行，發展出站立行走。也因為站立行走而空出了兩前肢（手）及促進大腦的發展，利用這雙手，人類可用之操持工具，製做器皿，從事耕獵及處理生活瑣事；或握持武器，保護自己及族群。雙手的最大功能，在於它可以各自獨立的活動。而太極拳卻要求不動手，似違反人類發展規律，因此，在實務上，不動手較難形成人們的習慣。

那麼，為什麼太極拳要強調不動手，除了前述的「以心行氣，以氣運身，運而後動」及「由腳而腿而腰，總須完整一氣」之外，應該還有更切身的原因。

再以以下兩點試申論之：

一、太極圓轉以借力的需求

太極拳是一門獨特的武術，講究以力小能勝力大，柔弱能勝剛強。如無特別的機制，絕對是無法力小勝力大，柔弱勝剛強的。這致勝的機制是「借力」，由借力而使力，四兩撥千斤。如何借力？舉一個實例，讀者較易明瞭。

公園常有的旋轉門，在旋轉門轉軸上焊接五、六排把手。運用時，把手隨整個旋轉門旋轉（不動手），人進入旋轉門後，推動前一排把手，即要順勢進入該排把手後面跟著，而後面一排把手因為人之推動前排把手而也跟上來。如果人在二排把手間站立不動，因推動了前排把手，後排把手便會打上來，推得愈大力，就打得愈大力，這就是借力使力，旋轉門借了人力，前後兩排把手就像人的兩隻手，一隻手借力，一隻手使力。這也蘊含太極陰消陽長，陽消陰長之理。

二、避免授人以柄

太極拳之武術運用要領有沾、黏、連、隨，即首先要沾上接觸，接觸後，再以聽勁、懂勁，因敵變化示神奇加以應變，根據力學原理：此接觸點和自己本身中定軸線（即施力的半徑或力距）不能太遠，太極拳大都是用旋（包括氣及以氣帶動的

形），旋轉施力（或能量）時，半徑愈長，所能傳達的能量愈小。

因此，太極拳雙手是儘量抱圓，不宜伸直出去，伸直出去即形成授人以柄，反為人制。如果太極拳雙手不隨身體整體同動，而自由揮舞，雙手必然常常伸展伸直，擊人亦敵擊我之機，白白將制己之柄送給人家，不敗也難。

壹拾玖

替手探究

一、前言

在左家八手第六手「回替」裡，略提了替手要旨，因早期跟吳老師學習替手功法時，老師一連逼我寫了四篇的心得報告，可見當時老師對替手功法的重視，因此，特立專篇，再予較詳盡的探究。

《道德經》有云：「專氣致柔」；又云：「天下之至柔馳騁天下之至剛」。吾所以知太極拳鬆柔有大用，而替手即值基於至鬆至柔。

太極拳有進、退、顧、盼、定，象徵五行之水、火、木、金、土，其中：退屬水，水卦為坎陷，天下至柔莫過於水，水以至柔入出坎陷而無

傷。武術之至柔莫過於太極拳，人以至柔決勝負則無損；定屬中土，定無常定，不失中定，方為中定。遭遇最險的坎陷時，以至柔加以不失中定，則必可化險為夷，轉危為安。

太極拳替手是應用在退無可退之時，故必須以至柔又不失中定來應對，方屬上策。

太極拳雖然專氣致柔，但畢竟是武術，是從古以來，前輩生死搏鬥經驗的累積，因此，早期武術可說是致人於死傷卻求自己萬全之技術。替手的功法是以靈活的手，取代不易閃避的身軀，以傷害性較小的雙手取代身軀的要害，目的就是趨吉避凶。經前輩大師的智慧創研演進，發展出本門太極拳的替手妙法。

二、練習要領

太極拳崇尚不受，但胸前已被敵手突進怎麼辦？逃避來不及，頂抗則不堪承受，本門替手則是在此處境上求轉危為安，反敗為勝。

其要領擇要如下：

一、臨危不亂，無為而為，一絲都不能承受：把對方之來力，不管是手或武器，或甚至只有一根羽毛，都要視為利刃，一絲都不能接受，並在輕靈移位走化中，能分清虛實，不失我之中定。

二、被接觸點務求放鬆內斂，藉放鬆內斂這一

霎那，將被接觸點騰挪出微小空間，同時輕引敵力至實腳湧泉地下，並同時由身體旋轉（*左邊重則向左旋，右邊重則向右旋*），在一邊旋轉過程中一邊使一手掌不知不覺的輕輕替入接觸點的己身與敵手（*或刀*）之間，順著旋轉引敵手離開己身，另一隻手藉旋轉盪上，拇指與食指輕扣對方肘關，藉聽勁控制對方。

三、控制對方之後，要採、要發，可當機立斷。

四、要能身體放鬆內斂，宜多練橐籥功。吳老師曾說：由橐籥功的內斂可使身體被接觸點走化出一些空間，以空間換取反應的時間。

五、旋：替手是移位後退，「退」在五行屬水，水最柔，但水流每一分子，都帶旋動，因此水最險。替手要反敗為勝，須效法水的特性。

太極拳纏劍時每一關節，甚至每一細胞都要能同時微微旋動，而且纏劍也是沙皮化，及全身是手手非手的基礎功夫之一，須以九轉玄功為基礎，多練纏劍，才能掌握不敗必勝之契機。

六、替手走化需如太極拳移位換形要領，故平時要多練太極拳移位換形，移位換形看似簡單，其實蘊含豐富太極哲理。移位以拳架按手為基礎，求平整均勻；換形以熊經為要徑，務求鬆定圓活。

七、藉萬事萬物練聽勁，除覓高朋對練外，多藉萬事萬物練沾、黏、連、隨聽勁，以進而體會懂

勁。臨敵方能用聽勁懂勁，因敵變化示神奇。

八、替手不是孤單的功法，它應該和本門太極拳所有的任何法門，包括拳架、內功、金丹等，都環環相扣，相輔相成。最上乘的替手就是以最上乘的太極拳產生的。用替手時要忘了是在用替手，而是在運用太極。

貳拾

按手論

一、按手定義

何謂太極拳按手？首先要對按手初步下定義。「按」是太極拳八個基本勁法之一，簡言之，是以雙手掌或單手掌滿掌輕柔沾黏對方，藉神鬆、體鬆增進觸覺，聽取對方身體訊息。凝神、知機、適時、順勢，將丹田湧泉之氣行至勞宮，貫透對方身體中心，以遂行拔根之發勁模式。

其發勁動作只有前後平整移位，看似簡單容易，其實它蘊涵道家大道理，用之於攸關生死之戰時，是勝兵先勝，以一破敵根本。

二、太極拳按手的內涵

太極拳按手有精粗之分野，普通人率多認為是以手掌用力按擊，此方式距按手精髓不啻千里。考太極拳傳自武當，源自於黃老道家學術。黃老學術以無為而無所不為、習反用反，以達人不知我，我獨知人之效。因此道家太極拳的內涵與常人習性多有相反，常人尚力以積極進取為優勝，動則剛強，致內情易顯露於外，難蘊藏機鋒。

道家太極拳尚氣，以內斂待敵為優勝，彼不動、己不動，彼微動、己先動，先動乃氣機先動，非身形先動也。動則筋柔，藏頭護尾，內中蘊藏機鋒，因其習反、用反，常人遇之，莫測高深，如遇神明，故鄭師爺曰階及神明也。自古中國神仙都出自道家，即為例證。

三、按手的論析

鄭師爺所傳太極拳左（道）家功法純然以道家為本，其內涵既博大又玄妙。道家太極拳的內涵既異於常人，非身歷其境難窺究竟，即使長年全心投入，若未能認清太極拳真面貌，努力亦屬枉然。茲試以按手為題從幾個面向來論析：

以組成的基本元素論析：〈 〉內為基本元素

如以按手的行氣及動作的各種模式視為其基本

元素，我們就可以物質元素的概念去思維，首先來尋覓按手約略有那些基本元素？

1. 前奏——從前腳移後腳，視後退為張弓蓄勁：

〈以心行氣，以氣運身〉，使全身渾如〈滿弦的弓〉，如何滿弦？使全身〈鬆淨〉〈自然〉，達到〈氣遍周身〉、〈鬆腰落胯〉、〈虛靈頂勁〉，有不得不發之勢；前腳先起動宜〈輕靈〉，落後腳湧泉有如〈抽絲〉，勁下達後腳湧泉有如〈雙螺旋〉，身軀移動時帶點〈槖籥功〉，移位〈平整均勻〉，保持〈落胯〉，時時保持〈頂頭懸〉；兩手〈虛實交替〉的〈樞紐在夾脊〉，兩腳虛實交替的〈樞紐在湧泉〉，任脈氣下降，督脈氣上升，行〈先陰後陽〉、〈河車倒運〉，唯仍需刻刻〈守丹〉，到位時需〈虛實分清〉……等。

2. 斷根——從後腳移前腳的啟動：

啟動要有如〈湧泉接地〉、〈氣有根、連根晃〉，引動對方的根力以挫斷其根。

此時宜略〈氣遍周身、內斂〉、〈降心窩、涵胸〉、〈腎門微開〉、〈守丹、丹田蠕動〉、〈脊樑豎起〉、〈全身鬆淨〉、〈自然〉、〈氣遍周身〉，尤其前腳不能帶一絲濁力。

3. 拔根、移位向前，進行發勁：

實（後）腳湧泉之氣先已上到勞宮透出，並穿

透對方身體中心，如射箭般射往高遠處標的，此即鄭師爺所謂〈發勁氣到而已〉。

移位初始，必要接續斷根之連根晃之氣，由湧泉、尾閭、夾脊、游肘行於手的〈完整一氣〉。既移位，須〈平整均勻〉，保持〈落胯〉，〈尾閭中正、頂頭懸〉，〈守丹〉，〈疊腰眼〉，以〈先陰後陽〉行〈河車倒運〉。

以上三個階段，手部都應保持〈不斷〉、〈不頂〉。接觸點要〈交點九宮〉。

三、論析按手的學習觀念

按手的基本元素大多是一些很抽象的東西，無形無象，從無形無象中去涵養極敏銳的感應聽勁功夫，此感應聽勁功夫是推手沾、黏、連、隨的必要條件，也是人不知我，我獨知人的必要條件，如果不相信無形無象的存在功能，而一味追求有形有象的招式，是無法練就道家太極拳的。

因此，若要進入道家太極拳的門徑，必須對其基本元素堅定信念去相信他，就如同相信物質是極細的、看不見的原子組成一樣。相信他之後，才會有信心去循方法，反覆修練，勤改習慣，養習慣。改習慣是孤獨寂寞的，必須耐得住寂寞，進而享受寂寞，空谷幽蘭自然香。

四、論析按手的學習方法

（一）、拆開練習

起初拆得愈細愈好，從細微處去體會基本元素的味道，逐漸鍛鍊出精純的基本元素，例如、以按手第一動為例，可再拆分為 1. 將動未動，2. 移位後退，3. 停止。

從將動未動中單練〈以心行氣、以氣運身〉，單練〈氣遍周身〉，單練〈滿弦的弓〉，單練〈鬆淨〉、〈自然〉等；在移位後退中單練〈虛實交替〉，單練〈平整均勻〉，單練〈雙螺旋〉，單練〈橐籥功〉，單練〈先陰後陽〉、〈河車倒運〉等；在乍停止中單練〈虛實分清〉，單練〈一動無有不動，一靜無有不靜〉……等。

（二）、在分解動作中逐一分別添加基本元素

起初同一時間每一個動作只鍛鍊一個基本元素，待每一個基本元素精純並幾乎成習慣後，即逐一添加其他基本元素，成為二個或多個基本元素混合練習體會。

（三）、組合練習

從基本元素混合練習體會，逐步進展到動作與動作的組合練習體會，在動作的組合練習中每一含的基本元素都要以「現在進行式」活化開來，使每個動作間的組合順暢並形成習慣。

（四）、偵錯改錯

「迷時師渡固然好」，但要及早學會「自渡」，以去除依賴心理。鄭師爺說：太極拳是改錯拳。不要怕改錯，最怕不知何處錯。因此，偵錯是非常重要的自渡過程，偵錯的法寶是問己的功夫，問己愈徹底，愈能找出錯在何處。《道德經》曰：「為學日益，為道日損，損之又損，以至於無為，無為而無所不為。」太極拳改錯的意義類同為道日損的含意，每日把有為的丟、頂、斷、抗的習慣拋棄一些，久而久之，敏銳的、鬆淨不受的新感應習性，才會逐漸養成。

（五）、多讀書，知行合一

鄭師爺說：「太極拳是文人拳。」需要貫通古聖先賢的哲理思想，涵養文人的文化氣質，而多讀書是最重要的法門。多讀書是求知的範疇，必須再藉篤行以體驗知識哲理的精義。

太極拳每一個動、靜都有其哲理存在，要以勇於求知的精神去發掘，求知之後繼之以篤行，從篤行修正以至於精純，變成自身的習性，這種太極拳才具有真正的價值。所以要如王陽明先生所倡的知行合一，才能開採到中華文化的寶藏，進而提煉出更精緻的太極拳素質。

（六）、藉物練功

在某些意義上，太極拳是人類為適應宇宙各種

環境，求生存的法寶，既要適應各種環境，就要去對各種環境事物互動，萬物都可以是我們的導師，也就是要多多藉物練功。

例如：利用練拳時，利用空氣的阻力，感應空氣的摩盪與波動；多接觸飄盪的物體練習沾、黏、連、隨，等等……。

（七）、乘廢時

與時間長河相比，人的生命是極短暫的，面對無涯的學習路程，常感時間不敷，更何況每個人都有家庭或事業需要照顧，只有善用每一分秒的廢時，積少成多，可找出意想不到的很多時間練習，何謂廢時？就是一些常被浪費的邊際時間，透過一心多用，可充分利用這些邊際時間。

例如：開車時，只有眼睛及手腳用到，可用一點點意守丹田；乘車時，除了不能任意走動外，即無所事事，可練很多靜態功法；參加開會或聽課時，大都只用到耳朵，可伺機守丹、養丹；看電視時，除了眼睛看螢幕外，身體其他部分是自由的，可單練拳架某式，或練習基本功法，尤其最適合練按手；走路時，可練行功；騎自行車時，可練疊腰眼；甚至睡覺時，亦可練守丹，等等……。

五、結語

按手不能顧名思義的只用手按而已，此手有

「全身似手手非手」之意，它是人體由自知（知己）而知彼的全盤資訊收集點，此收集點以氣與全身器官、肌肉、骨骼、筋膜，甚至與細胞相通。以心引導，以體鬆為助，以習慣性應變奏功。按手是太極拳的一種面向，又被稱為母勁，「母」乃生成者也，會一手，可以生成千萬手。

太極拳根源於道家，有志於太極拳者，應致力尋根，從根源挖寶，切莫徘徊於歧路。

貳拾壹

《鄭子太極拳十三篇》之「懂勁」釋義

師爺鄭大師曼青先生於《鄭子太極拳十三篇》第十一篇「別程序」，所述第三階二級「懂勁」，有言：氣由乎筋、脈、膜、膈，其勁有四，曰防禦，曰潛藏，曰將發，曰撤擊。

由於這是感測彼勁於未動的要領，並且是進懂勁之階，異常重要，今試釋之如下，以拋磚引玉，就教於高明。

一、氣

氣由乎筋脈膜膈的「氣」，是指氣機，及控制神經系統的能，及傳達大腦指令的能，以及也是發動運動肌肉細胞的能……等等的綜合能量。

二、筋

氣行至筋的「筋」，是指肌腱、韌帶與其間的筋膜，肌腱、韌帶、筋膜在神經的作用下能收縮肌肉、骨節，產生關節運動功能。人在防禦狀態下屬靜，要維持靜，必須儘量使關節固定，此時關節周圍的肌肉韌帶的伸張與收縮，就必須努力保持平衡穩定。

一般來說，這時候的某些肌肉韌帶是較緊張的，例如一個怕鬼的人，獨自處在荒涼夜路時，為防鬼魅的近身，必然緊張的繃緊四肢百骸（亦即關節肌肉韌帶），甚至不敢動彈。反過來說，當人靜止下來並鼓起關節肌肉韌帶時，代表他的意向是處於「防禦」狀態。

三、脈

「脈」就是動脈、靜脈、經脈的通稱，中醫書所說（營）血行脈中，（衛）氣行脈外，氣帥血行。可知脈是氣血的通路。關節運動是人體運動的樞紐，關節運動係靠筋肉之伸縮作用，在太極拳，筋肉之伸縮靠氣帥血之流動所進行之補給與控制機制為助，當關節欲有任何運動時，由於神經系統的作用，血管經脈會有預先的變化。

反過來說，血管經脈的變化隱藏起來時，也代表將潛藏他的運動企圖，這種運動企圖不單純受「意識」的作用，它同時也受「潛意識」的作用，

甚至不受意識及潛意識的作用。

　　例如：心理緊張的時候，脈搏會加速；運動激烈的時候，脈搏也會加速；身體某部分有異常時，亦會影響脈搏的速率，這些都是不由自主產生的，無法自我控制或隱藏。因此如果觸覺夠靈敏的話，將可由脈搏氣血循行的變化，得知對手「潛藏」的運動企圖的變化。

　　四、膜

　　所謂「膜」以西醫來說，大約是指筋膜的總稱，是指在皮膚底下，或肌肉底下，或圍繞著肌肉，及圍繞身體其它器官的一層纖維結締組織，約包含了淺筋膜、深筋膜、漿膜、下筋膜等。當身體欲有所運動時，人必意氣充溢於表。

　　前面已說過，人體運動主要來源於筋肉的伸縮，而所有的肌肉，如體內壁平滑肌、骨骼肌、心肌等，表面均有膜的圍繞，當意氣充溢於表時，氣血亦充溢於膜。因此如果觸覺夠靈敏的話，將可由筋膜滑動的變化，得知對手立即「將」發動的運動企圖的契機。

　　五、膈

　　「膈」是指橫膈膜，亦可說是膜的一種。肝臟是人體最大的臟腑器官，也是人體的消化器官，主要功能是貯藏營養，及分泌膽汁幫助消化，兼具分解毒素。肝臟的兩主葉係由橫膈膜下表面，以

鐮狀韌帶聯接，鐮狀韌帶一端延伸到肝的表面，另一端除聯接橫膈膜外，亦延伸至臍，橫膈膜分隔胸腹腔，人體的血液必經過肝臟的轉化。除血液之流通外，肝臟以足厥陰肝經通氣於身體。肝經屬裡，膽經屬表，當血行肝臟時，肝氣必有應，膽氣亦相應，並引動膈膜。

當人欲進行運動之先（尤其是練武者），必做較深層之呼吸，因而牽動胸腹間的橫膈膜。一般來說，較深層之呼，常應用於發勁之時機；較深層之吸氣，是所謂的斂氣，有時是應用於退而蓄勁，有時是應用於退而化勁，鄭大師曼青先生倡說斂氣是欲退而撤擊。因此，可以說，由膈膜的動靜，可偵測對手斂氣與否，從而偵測對手是否退而「撤擊」。

欲懂氣由乎筋、脈、膜、膈，關鍵在己之感應能力（聽勁、懂勁）。感應能力之培養，除拳架循序漸進的學習與練習外，大約有以下幾個方式：

1. 藉由與不同對象進行四正、四隅推手的對練，從不同模式的互動中，來培養對不同的行為模式的感應能力。

2. 藉由與水的接觸運化練習，來培養對水浪動力、動態的感應能力，從而增進對觸覺的認知能力。

3. 藉由與擺動中草木垂枝的接觸運化練習，

來培養對自然物體受風力擺動所生的動力、動態的感應能力，同樣亦是從而增進對觸覺的認知能力。

4. 藉由熊經功法五心相通的練習，來增進身體內在生理的神經上及內氣行氣的傳導及感應能力。

5. 藉由各式拳架及功法的練習，以全身的放鬆與空氣互動來觸動肌膚、毛髮對空氣氣流的覺察，來培養人體對微弱氣流的感應能力；並且藉著練習由下指揮上、由內指揮外的行氣方式的熟習養成正確的行氣習慣；再由自身正確的行氣習慣，方能感應對方的不正確所在。（*此即內氣與外氣相摩相盪*）。

貳拾貳
從《鄭子太極拳十三篇》談太極拳對肺疾或SARS可能之效用

太極拳大師鄭曼青先生醫術被稱一絕，係師承清宮御醫汪幼庵，其手著《鄭子太極拳十三篇》，為學習太極拳之經典，其中有一篇「起肺疾」，論及太極拳對肺疾之效用，是綜合中醫理論及行醫心得以及他自己年輕時親身染患肺結核病癒的經驗而成的結晶著作。深入淺出，嘉惠病患，並有助於肺疾之預防保健。

　　雖然西醫醫術進步一日千里，Ｘ光鏡等醫檢器材也更為精良可靠。但是中醫及太極拳對肺疾之保健效用，仍然毫不損其價值。

　　大約民國85年間，一位服務於電信研究所的某博士找上筆者，謂是肺腺癌患者，並已開刀治療過近一年，在當時，因為肺癌患者手術後的二年存活率並不高，他本來對生命已相當悲觀，但是看了《鄭子太極拳十三篇》後，重新點燃一點希望，於是他四處找老師學太極拳，但一直未找到真正了解太極拳理的老師。

　　輾轉找到我，與我深談之後，再三的拜託，我當時雖已充分體驗了太極拳對健康的好處，至於對肺疾尤其是肺癌患者，是否有真正的療效，其實也沒多大肯定的信心，但是我覺得鄭師爺晚年把一生的太極拳心得傳授給了吳國忠老師，而吳國忠老師也毫不藏私的傳授給了學生，當時我從吳國忠老師已學習了近五年毫不間斷，且持續從學中。

　　我對鄭師爺的絕學有信心，對吳國忠老師的傳承也有信心，於是我接受了他的重託。並且安排了密集的課程，每天清晨一小時以最輕鬆的功法動作，如：熊經、摟膝拗步、心齋、守丹、養丹、大乘法、小乘法、及拳架第一段……為主，著重在鬆身、放心及養氣方面。

　　如此過了一年多，安然渡過了他的二年存活

期，又過了一年再一年，不但安然渡過了四年，同時身體也變得非常健壯，一掃肺腺癌的陰霾，而對太極拳的信心更是無以復加，繼而對我提出不但要健康也同時要武術功夫的要求。

經我引介進了吳國忠老師門下，如今已成為相當優秀的太極拳學者。由此，我確信，只要對太極拳認真練而且練得對，太極拳必然對肺疾有意想不到的療效。

民國92年初，在大陸、香港等地，爆發急性嚴重呼吸道症候群（SARS），台灣也於92年4月起難以倖免。SARS是一種新興的非典型肺炎的急性傳染病，具有相當高的死亡率，根據報導，到目前為止尚無特效藥，患者只能用支持性之療法，以及依靠患者本身的免疫力來抗病。

根據醫學研究，SARS是一種冠狀病毒所引起的傳染病，潛伏期約五到十天左右的時間，發病的症狀有類似感冒的呼吸道症狀（如流鼻水、打噴嚏、發熱等），還有頭痛、乾咳、食欲不佳、皮膚疹、喉痛、肌肉僵直酸痛、腹瀉、肝功能異常，胸悶、呼吸困難，最後是肺葉浸潤、受損甚至心肺衰竭而死。另根據報導，發病後若患者的免疫反應過強，易造成肺葉的急速瀰漫性受損，反而不利。

根據專家的建議，防治SARS是隔離病源、勤洗手、保持心情愉快、多運動，但不能做激烈的運

動，因為激烈的運動後的疲勞，反而最易為 SARS
所乘。

太極拳能對肺疾防治有很大的功效，但太極拳
對 SARS 的非典肺炎防治，究竟也有同樣效果嗎？
為天下蒼生，是值得認真研究的。

一、以中醫的觀點來審視 SARS

與 SARS 症狀最相關的臟腑為肺（肺炎流鼻
水）、脾、胃、腸（腹瀉、頭痛）、心（發熱、心
肺衰竭、免疫反應），其中肺屬金，脾胃屬土，心
屬火，小腸亦屬火，有關五行的關係如下：

相生：

土（脾胃）→金（肺）→水（腎）→木（肝）→火（心）
↑ ←←←←←←←←←←←←←←←←←←←←←←← ↓

相剋：

火（心）→金（肺）→木（肝）→土（脾胃）→水（腎）
↑ ←←←←←←←←←←←←←←←←←←←←←←← ↓

SARS 是感染病毒，是非內非外因疾病。病毒
是一種類似 DNA，能在人體內複製，人體免疫系統
察覺之後，啟動免疫細胞與之吞噬或對抗，如果病
毒複製快速，免疫細胞卻不足，則病症趨於嚴重，

或甚至死亡。

　　以中醫來說，各個臟器經絡各有其免疫功能（類似相剋），或恢復功能（類似相生），SARS主要是從呼吸道感染，肺先受之。

　　肺主氣（金氣），肺氣由脾胃的米穀精氣（中土之氣）所生，如果脾胃失去健運（食慾不振、腹瀉、肌肉僵直痠痛），不能供養肺氣，則肺部相關細胞的免疫力必弱。肺金生腎水，肺受感染，無力供養腎水，腎水若不足，不能控制心火，因此心火上升（發高燒）。心火有控制肺金的功能（使肺清肅），惟心火若過強則剋肺金，使肺不堪負荷而受損，這也就是免疫反應若過強，反而傷肺的理由；腎水若不足，亦不能生木，致肝功能異常；SARS已造成人心恐慌，SARS的病患其驚恐更甚，因此膽氣受損。

　　膽氣亦屬木，木能生火，亦能剋土，因此膽氣受損也影響心氣及脾胃土氣的平衡，而影響免疫力。從以上所舉以中醫的五行生剋角度來看，若欲抵抗肺炎及恢復健康，首先應該注重維持脾胃中土，及確保腎水以及適當控制心火，及保持心理的愉快。大陸人民紛紛以板藍根、黃耆、金銀花；及台灣有人以綠豆來預防或治療，可能著眼於清熱（降火）功能，恐有不周。

二、以鄭子太極拳的保健來預防 SARS

太極拳所謂運而後動，運而後動者，即以心行氣，以氣運身。是由內以達乎外，即先由臟腑，而達乎肢體之運動也。此即是氣沉丹田為主。總之，輕靈致柔，毫不費力，以養氣、活血、舒筋、節勞為運動。

太極拳可為至柔、至緩、至輕、至微之運動，而使肺部漸開漸合，則肺不得而為萎，肺不萎，即有生機存焉，猶可以推陳而生新，因此即使是肺病患者亦適合從事太極拳運動。

（一）太極拳以心行氣，以氣沉丹田，即引心火之氣下達丹田，溫養丹田水氣，濡養全身，此為水火既濟之功。水火既濟原為固腎之不二法門。腎氣既固，子強母亦受益，則肺氣漸復。

（二）脾虛可致肺病者，脾虛則胃納減，或消化不良，脾為肺之母，肺之氣蓋仰給於脾。譬如腹中肌餓，則脾胃先餒，而肺相繼餒矣，言語無音，精神萎頓，此肺之失其所養明矣。氣沉丹田即積氣於腹中，氣沉丹田則脾強，胃納有加，消化良矣，脾土生金，是脾有益於肺者。

（三）太極拳專氣致柔，求身心之放鬆，身心放鬆才能得行氣之自然。身心要放鬆，必須先不憂不懼，使膽氣充足。除行氣之自然可增進免疫外，

膽氣充足可維持體內五行之平衡，膽木生火，火生
金，從而亦增進肺的功能與免疫力。

（四）其他：可參閱《鄭子太極拳十三篇》起
肺疾。

貳拾參

太極拳的心理學探討

一、前言

遠古時期，原始人為求生存，與大自然的山
川、氣候、蟲蛇、野獸等不斷鬥爭而發展出搏鬥的
本能。人類漸漸社會化後，主要鬥爭的對象變成是
不同部落族群的人類本身，使鬥爭搏鬥的技巧趨於
複雜與成熟，形成武術的起源。

人類從與大自然搏鬥的經驗中發現，由搏鬥技
巧的學習中同時也可學習各種鍛鍊體能的運動，在
各種不同地域環境有各種不同的練習方法，也就是
各地不同武術起源的起因，例如：

在南方水澤特封，故蝮蛇蓁蓁，是大蛇積聚之
地，古南方人除與蛇搏鬥以求生存外，亦仿蛇之
「吹呴呼吸，吐故納新」而習之。

在西南方巴巫之地多猿，古西南人除與猿爭居
處外亦，仿猿之攀物自懸、伸縮身體而習之。

在北方天氣寒冷、地形開闊多草原，古時多熊、羆、貔、貅、虎之類猛獸，人們通常用較劇烈的運動驅寒取暖，因此逐獵於草原，並仿熊虎之特性而習之。

東方多湖澤之地，古多大蛇、禽鳥。其先民以龍鳳（蛇鳥）為圖騰，也就是以蛇鳥為敬畏模仿的對象。

中原地區平且潮濕，驅濕以利關節是為生存之所需，柔軟舞動體軀對關節有利，故其先民多習舞而有各種舞，如：陰康氏之舞之流行。

由不同環境之生存及生理需求，演變出不同形式的運動（或者氣功之類）。也由求生存之經驗產生各種對病痛的治療方式，例如：在《素問・異法方宜論》篇記載：

「東方之域，天地之所生也，魚鹽之地，海濱傍水，其民食魚而嗜鹹，皆安其處，美其食，魚者使人熱中，鹽者勝血，故其民皆黑色疏理，其病皆為癰瘍，其治宜砭石。故砭石者，亦從東方來。

西方者，金玉之域，砂石之處，天地之所收引也，其民陵居而多風，水土剛強，其民不衣而褐薦，其民華食而脂肥，故邪不能傷其形體，其病生於內，其治宜毒藥。故毒藥者，亦從西方來。

北方者，天地所閉藏之域也，其地高陵居，風寒冰冽，其民樂野處而乳食，藏寒生滿病，其治宜

炙炳，故炙炳者，亦從北方來。

南方者，天地之所長養，陽之所盛處也，其地下，水土弱，霧露之所聚也。其民嗜酸而食胕，故其民皆緻理而赤色，其病攣痺，其治宜微針。故九針者，亦從南方來。

中央者，其地平以濕，天地所以生萬物也眾，其民食雜而不勞，故其病多痿厥寒熱，其治宜導引按蹻。故導引按蹻者，亦從中央出也。」

以上種種古代運動與治病方式，可說是後來養生中醫與武術的起源。

近世科技發達，槍炮威力遠非肉身所能抵擋，因此武術有急速式微之勢，一些遠見之士發現，保存傳統武術雖無大助於戰陣，但練武本身對人類健康與體能的助益仍有極高的價值，因而積極投入倡導。鄭宗師曼青先生是大力倡導太極拳的翹楚，鄭宗師終生習研太極拳而不輟，並奔走國內外盡力倡導，以其經學之淵博及藝術與醫術的精湛素養，加上名師名門的真傳，融會貫通，創就了簡易太極拳體系。

太極拳相傳為宋代張三丰所創，以其拳理而言，實已包含了伏羲、文王、孔聖的易理，及儒、釋、道三家思想精要，稱他為中華文化的結晶亦不為過。太極拳理雖然精深，但古今能真正落實者卻是鳳毛麟角，原因在於法的缺佚。

鄭宗師天縱奇才，以其五十年心血，創見了習練的程序填補了太極拳一些空白，可惜其心血除在十三篇記載外，其後數十年的心得，未見有文書上的明白記載。

鄭宗師瘁歸道山後，吳國忠老師承鄭宗師衣缽，堅持奮鬥而能將絕學延續下來。精微太極拳的傳習不易，在於其口授心傳的傳統方法不易普及，鄭宗師雖在《鄭子十三篇》別程序中，揭示了習練的程序，但其中聽勁、懂勁、階及神明的字義相當抽象，有些或許牽涉生理心理的範疇，甚為艱深難懂，因此近年來除了神龍系統外，其他鄭子門人大都已對簡易太極拳失去信心與耐心，同時也可說對真正落實太極拳理的太極拳失去信心。

要挽救真正太極拳，需從多方面入手研究，以期找一些具體可行且又有效度及信度的習練方法，才易喚起習者的興趣。心理學是專門研究有機體的外在行為與內在心智歷程的一門學問，而太極拳是總合身體的外在動作與內在修練的研究與實踐，二者剛好有甚多契合之處，因此如能取法心理學已有的科學基礎，對太極拳研究盲點的突破，或許有相當的助益。

筆者對心理學及太極拳的造詣均仍粗淺，實無能擔負此研究的艱鉅任務，如今斗膽提出一些太極拳的心理學探討，目的在拋磚引玉，以喚起更多有

志研究太極拳或心理學的專家學者，以心理學的角度切入研究太極拳，或從太極拳的題材切入研究心理學，對拓展太極拳的科學知識領域，或許是相當可行的方向。

二、太極拳動作技能學習與西方教育心理學探討

鄭師爺門徒不下數千，但真正得傳衣鉢者有幾人？而吳老師能後來居上，能成為鄭師爺門下的翹楚，眾人皆謂是吳老師原來的外家功夫基礎了得。但事實果真是如此嗎？

外家拳和太極拳是完全不同性質的技能，吳老師能有今天的成就，除了吳老師凡事求認真（真理）的性格之外，必還有其它的有效門路。

其中「拆開來練」是吳老師奉行不渝的方式，也是經常要求我們的練習方式，更是鄭師爺門下之中，已知以拆開來練來自我要求及要求學生的唯一傳人，可見拆開來練必是吳老師學習太極拳能夠成功的重要因素。而拆開來練是和教育心理學的技藝學習相關（註：拆開來練在本書下篇第捌章有專章探討）。

三、強健的心理素質──膽氣

太極拳原本是生死搏鬥的武術，臨敵時，膽氣

與膽識異常重要，膽氣足則勇，若膽氣不足，即氣餒。太極拳的應用主要是用氣，一旦氣餒，卸甲棄兵惟恐不及，何來應敵之能？膽氣若無膽識是匹夫之勇，仍難以致勝。

有膽識的膽氣似如同亞聖孟子所說的浩然正氣，浩然正氣是大勇的基本，浩然正氣需以義來培養，當然平素藉推手練習聽勁與懂勁，所謂藝高人膽大，功夫愈高膽氣也會愈足。

膽氣和天性也有相關，有些人天生較易緊張，臨敵時如果緊張，則平常所練的功夫便不能發揮出來。這種緊張心理素質的人，仍然只有透過不斷培養，練習與模擬實境的不斷歷練，要比常人花更多的心血，才能增進足夠的膽氣。

所謂膽氣，以心理生理的說法，應該就是克服壓力來源，以至於適應壓力來源的表現。最早太極拳是一種生死搏鬥的武術，當人們一臨近生死搏鬥的環境，心理壓力便陡然升高，生理學家認為人的神經腺體就會進行一系列的活動，使個體產生充分的能力準備對抗或逃跑，這個反應現象的管制中樞是大腦的下視丘，其在緊急狀況時有兩個主要功能：

其一是它控制了自主神經系統；
其二是它促動腦下腺的分泌。
這兩種功能都能增強承受壓力的強度，但長期

處於高壓力強度會造成身體的傷害。

太極拳的中定與氣遍周身，有助於克服與適應壓力；而太極拳的放鬆，有助於平撫大腦對壓力亢奮反應。

四、動機論

太極拳固然是一種既悠久又美好的運動文化，但在現代社會觀念上，太極拳並非做為民生的必須，大體上僅能做為人民生活之餘，或基於鍛鍊身體機能，或基於興趣，或基於好奇的動機，而從事的活動，在活動中的獲益的滿足感，會增強從事此活動的動力。

因此，太極拳學習能否起頭，和個人學習太極拳的動機有密切相關；而太極拳學練能否持續，則和他從事太極拳自覺有否收穫密切相關。

在心理學上，動機是指激起、引導及維持生理與心理活動的動力，這個概念約包含了三個內在的機制：對一個活動的偏好；反應的強度；以及堅持趨向相關目標的行為模式。

依心理學的理論，人類動機的來源有四個理論。以下分述這些理論與太極拳的學習動機的相關議題：

（一）、本能論

世界上所有動物都有一種使得種族延續的循環

活動，例如：鮭魚迴游、熊之冬眠、鳥之築巢…等等，這種動物性本能是未經學習的自然的行為模式。

佛洛依德認為：本能是不具意識目的，也無既定方向，他相信本能存在是為了滿足因生理需要所造成的緊張，這種緊張驅使人們為消滅緊張而努力，因而獲得滿足。

佛氏亦認為人類有兩大最基本的本能就是生與死，這兩種本能是互相衝突的：生的本能使人類維持生命與生殖；死的本能則是負面的力量，因生命必有死亡，因此自殺、自殘便是死的本能內導所激起，攻擊和破壞則是死之本能外導的結果。

人們學習太極拳的動機常常是自覺健康亮起紅燈，而決心學拳以追求健康，此和佛氏的生的本能行為相當。因此，對於太極拳的推廣，以健康養生的訴求較之武術訴求更具有說服力。

（二）、驅力論

驅力是一種內在的生理需要而引發行為的動機，心理學家霍爾首先提出驅力理論，他認為動機是學習發生的必要條件，而學習有助於對緊張環境的適應。他亦認為對於緊張的消滅，是一種（動機）的增強，驅力的主要論點有：

1. 生物需求引發驅力，如：飢與渴、恐懼。在太極拳的驅力動機是恐懼衰老、病痛、死亡，與

恐懼被欺侮。

2.驅力使隨機活動充滿活力，為消除恐懼與緊張，使驅力增強，自覺有患有重病的患者，學習太極拳大都較為認真，這是求生的驅力使然。

3.當隨機活動之一，減低因驅力而起的緊張時，個體便不再隨機地活動，有些恐懼引起的驅力活動，因恐懼消除時，其活動常因而停止；或當飢渴時如獲得飽餐一頓後，即中止進食慾望。

太極拳學眾，許多都不能持久學習，亦可能由此原因導致。

4.恐懼與緊張的消滅，亦增強了目標刺激和成功反應間的連絡，因此有些人在驅力活動中，獲得恐懼與緊張的消滅，之後反而會選擇不斷增加驅力活動且樂此不疲，這也解釋太極拳愛好者，如曾經有因練拳而成功消除病魔的經驗，或者他緊張的被高手痛打幾次之後，反而適應了被痛打的情境，因此增強了他學拳的持續性。

（三）、匱乏與成長論

人文心理學家馬士洛提出一個可以解釋緊張消除與緊張增加的動機理論，那就是匱乏與成長論。匱乏動機是個體追求生理與心理的平衡（追求免於匱乏）；成長動機則是個體追求超越自己的成就。馬士洛把以與生俱來的需要分成八個階層順序解釋（如下圖）。

馬士洛的需要階層

　　太極拳的學習動機，似乎也可參考此階層來解釋：

　　1.生理的：是最基本的溫飽，如果不能溫飽，不太可能有能力學拳。

　　2.安全的：當滿足生理需求後，開始想到安全的需求，身體的強健是其中之一，身體強健能持續工作賺錢，也能保護家人不受欺凌，因此練拳鍛鍊身體便是選項之一。

　　3.歸屬的：職業安全無虞之後，便增多了社會的交往活動，太極拳學習圈往往是一個很大的社團，可形成親善的歸屬感。滿足愛與被愛的需要。

　　4.如果有了團體的歸屬感後，便想在拳藝上有出眾的表現，以獲得他人的尊敬，這種企求他人尊敬的需求，激勵他努力練拳。

　　5.當其努力練拳便獲得師長的鼓勵及同儕的

尊敬，認知到自己是有能力獲得尊敬的，從而激勵他更努力練拳。

6. 社會是有競爭性的，常常會互相比較，太極拳圈子也常有較量的情事，評論誰的拳勢漂亮？誰的發勁美妙？因此審美的需求油然而生。

7. 當拳藝進步到能聽勁、懂勁，豁然覺得自己也能實現發勁的夢想，便自發的往更高層次去實現，不斷的尋求超越自我。

然而，如有任一層次不能越過，便妨礙其向上挑戰的動機。

五、知覺運動與運動知覺

在鄭大師所著的《鄭子太極拳十三篇》別程序第十一章有云，太極拳運動大綱分天、地、人三階，稱其中最高的天階為知覺作用之運動。而天階又分聽勁、懂勁、階及神明三級。階及神明高不可測，難言之，估且不論。聽勁、懂勁乃是透過肢體皮膚的接觸，以觸覺之作用聽之以氣，從而由對手內部筋、脈、膜、膈的變動知覺對手的運動企圖做相應有效（得機得勢）的反應。這種知覺反應，當屬於生理心理學的範疇，察當今心理學對知覺的關注，大都偏重於視覺作用，而太極拳的知覺運動則大都偏重於觸覺作用。

因此，透過太極拳的知覺運動切入研究心理學

的知覺現象，應該有很大的發展空間。筆者心理學知識淺陋，企盼有高明的心理學家投入這個領域，為太極拳科學化做出貢獻。

太極拳的運動知覺至少是包含觸覺、視覺、意識、潛意識與條件化歷程。

在太極拳的口訣裡有：

1. 境中觸動動猶靜。
2. 靜在動中求，動在靜中求。
3. 彼不動，己不動；彼微動，己先動。
4. 形不動氣動，氣動形隨。
5. 專氣致柔。
6. 虛極靜篤。
7. 太極拳動作要練成習慣性反應。
8. 神宜內斂，神光反照。

其中第1～4項口訣重在觸覺作用；第5～6項重在意識與潛意識作用；第7項為條件化歷程；第8項為視覺的知覺作用。

六、結語

太極拳是門深奧的武術，可是如今因失去武術應用的舞台面臨殘缺與式微的危機，如欲振興太極拳，需從保存固有文化內涵與發展新的需求與科學方法，多管齊下。

就學習方法來說，借鏡心理學的科學研究，不

失為與時俱進的良方，而太極拳也不失為心理學研究的良好題材。

本文旨在拋磚引玉，期待有眾多心理學家投如研究，為太極拳再創光輝。

貳拾肆

掀開熊經的神秘面紗

一、熊經的傳承

熊經功法傳自鄭子曼青師爺，鄭師爺太極拳得自楊澄甫先生，楊太師爺其他門徒，未見有傳授熊經，其他太極拳門派亦未有傳授熊經，那麼，熊經究竟是鄭師爺獨創或楊太師爺秘傳？

在鄭師爺的《漫談五禽戲之熊經》遺作裡稱：熊經一語初見《莊子刻意篇》，引上古之尚氣者，曰熊經、鳥申、鴟顧；亦曰：東漢華佗創五禽戲，為祛病強身法乃良醫醫未病者之妙用，該五禽戲包含熊、虎、鹿、猿、鳥。

然而鄭師爺又說：「五禽戲之妙法失傳已久，但是自張三丰倡太極拳後發展到今日，其理論至為精密，意義亦甚深奧，決非其他運動可及，五禽戲之不逮，亦已遠矣！」可見師爺認為太極拳強過五

禽戲甚多，因此鄭師爺所珍視的熊經功法，係得自
太極拳，決非完全如華佗所創之熊經功法。因為鄭
師爺所傳熊經，乃至簡至易之上古妙法，豈只袪病
延年，反弱為強而已，進而求自衛，與臻上壽之
方，垂手可得。

既然鄭師爺所傳熊經得自太極拳，卻又未見楊
門前賢或同門同儕有此功法，豈非成一千古謎題？
其實不然，我們仍可從熊經功法特色，及其他一些
蛛絲馬跡加以推論。

吳老師在《太極拳道幾》提到，鄭師爺遊楊家
七年，只得一掤字，意即鄭師爺在楊家已由掤體悟
到太極拳體用。

掤在卦象屬坎卦，坎卦屬水，萬事萬物莫柔於
水，太極拳以至柔克至剛，因此悟到掤勁即掌握了
太極拳體用關鍵要點。

熊經的主要效能是疊腰眼和五心相通，疊腰眼
是氣疊，五心相通是氣通，皆宜專氣致柔，是習坎
用坎。熊經功法在動作上雖然只有移重心和轉腰胯
兩項，但是極注重涵胸、拔背、鬆肩、垂肘、氣沉
丹田、尾閭中正、神貫頂、腳分虛實以及實腳湧泉
上至對側實手勞宮的一貫之勁，這和整個太極拳是
一致的。

因此，我們不妨推論：鄭師爺由掤體悟到太極
拳體用之後，創了熊經妙法，又為了尊師重道，托

言於張三丰太極拳之精微，而且真正精微之處並未對外張揚，僅擇徒（吳老師）傾囊傳授，以致吳老師傳下之熊經，遠非其他師伯、師叔所傳下之熊經可比。

二、熊經的神秘面紗後面之真貌

熊經既稱為上古妙法，其面紗之後面究竟有哪些神秘法門？

以下試圖以吳師所授熊經功法之學習心得，抽絲剝繭加以探究：

（一）、疊腰眼

腰眼是指兩腎，更精確的說應指兩腎腎上腺部位，兩腎位於丹田之後上方兩旁。

太極拳是以心行氣，以氣運身，運而後動，由內而外，由下而上。氣（無形）的中心在丹田（丹田在臍下一寸三分，離身前三分之一處）。丹田是太極拳內氣的產地（內氣由守丹、養丹而增進），由守丹行水火既濟，產生之丹田內氣，藉由運轉，行氣到周身，腰眼疊動帶動丹田的蠕動運轉，是為磨轉心不轉。

丹田亦是《體用全歌》最末句「但須方寸隨時守所守」之處。因丹田最中心是磨心，是中定的，周圍由守丹所產生之氣藉由疊腰眼帶動運行，就像開車兩手握方向盤之處有如腰眼，方向盤輕輕一上

一下以旋動方向機之軸心（有如丹田），因而控制整部車的運轉。

鄭師爺說：「太極拳三十七式，行氣而已。」而疊腰眼可說是啟動行氣之妙法，惟須注意的是疊腰眼需至鬆至柔以氣動，不是用力轉動，否則便是肚皮舞。

三十七式拳架裡隨處可見疊腰眼，處處需要疊腰眼，例如：摟膝拗步發勁時腰眼一疊，即輕鬆自如；雲手時腰眼一疊，真恍若行雲流水。

（二）、五心相通

五心指的是一頂心加二勞宮再加二湧泉，相通指的是氣通。

因五心代表人體上、下、左、右四方，故五心相通是太極拳之氣行遍周身之候。太極拳是氣功拳，如不能氣遍周身，枉稱太極拳。太極動分陰陽，不但人體動作分陰陽虛實，氣動亦分陰陽虛實，進一步不但要分清陰陽虛實，自體上更要陰陽相濟；應敵時則須明相生相剋。

在人體動態上：左腳實則右手實是所謂交叉神經作用，是一貫之勁；左腳實則右腳虛，是所謂陰陽虛實相應。在太極拳行氣上亦然。

太極拳的行氣，陽實主放發，陰虛主收斂。當左腳湧泉實，氣貫右手勞宮，右手勞宮放發，左手勞宮收斂。當右腳湧泉實，氣貫左手勞宮，左手勞

宮放發，右手勞宮收斂。

惟實腳湧泉之能量來自疊腰眼（丹田的運轉）的氣動，不可真的用力踩實。

太極拳分清虛實，尤須注意頂心湧泉之虛實，頂心永遠是虛靈，以對應實腳之湧泉，使成一似有形，若無形之軸心。

「太極拳以心行氣，以氣運身，運而後動，由內而外，由下而上」，如何行？如何運？如何動？五心相通之妙法實為明燈。

（三）、鵠顧

熊經需兼鵠顧。鵠顧，兩眼平視兼尾閭中正神貫頂。神帥氣，太極拳的五心相通是通氣，氣以神帥，神貫頂，虛靈頂勁都是神帥氣的作用，不得忽略。

（四）、移位換形

太極拳動作雖繁複，如以平正均勻的簡易太極拳動作分析，可歸納成兩大元素，即移位和換形。移位是前後及左右重心之移動，通常可稱之為走，換形是身體方向的旋轉，通常可稱之為化。熊經的有形動作就是專練移位和換形。

熊經的移位雖只有左右之移動，惟仍然遵循「兩腳虛實交替之樞紐在尾閭」的口訣，外形上是平正移位，內在能量上（內氣）是以旋轉運行，有如拱橋形，而非直線推動。

以筆者的體會，這情形就像汽車的行動，開動時，車體保持完整不變形的狀態，而由車輪之轉動，帶動整個車體向前，而車輪與地面的接觸是向後走而變換接觸點的。因此，太極拳（熊經）的移位其動能就像一個無形的巨大車輪在轉動；而太極拳（熊經）的移位的有形樣態是整體平正，同時移動。除此之外，在移位過程中要保持涵胸、拔背、鬆肩、垂肘、氣沉丹田、尾閭中正、神貫頂的太極拳基準八法。

熊經的換形就是體會疊腰眼及五心相通妙法。

（五）、不動手

鄭師爺曰：「**練太極拳者不動手，動手便非太極拳。**」何故？

練太極拳者需明「其根在腳，發於腿，主宰於腰，行乎手指」、「由腳而腿而腰，總須完整一氣」。且王宗岳拳論曰：「斯技旁門甚多，雖勢有區別，概不外乎壯欺弱，慢讓快耳！有力打無力，手慢讓手快，是皆先天之能，非關學力而有為也。」強調動手快慢，便非太極拳，是旁門也（有關不動手之理，另於下篇壹拾捌章論述）。

熊經的功法強調兩手抱元（圓），徹底落實不動手。因其不動手，方能全盤落實五心相通。

（六）、開合

熊經的移位時配合吸氣，氣合於丹田，腰眼鬆開，是為氣合形開；熊經的轉胯換形時配合呼氣，腰眼摺疊，氣充於全身，是為形合氣開。

（七）、勁與物理

《鄭子太極拳十三篇》第七篇勁與物理略謂：「太極拳氣與勁之運用，在乎綿綿不斷，周而復始，圓而神通，靡有窮際。宇宙之間，大若行星之運轉，微如雨露之降零，厥形皆圓，此自然之徵象也。」太極拳之所謂圓者，以其效法太極，其原因與體用，適與自然界之妙蘊相脗合。

三、結語

熊經內涵雖然豐富，但其最終也是最主要的目的是武術應用，太極拳武術應用的特點在以力小勝力大，熊經練成與否端看其保持抱圓不變，可否發人出去？因為雙手抱圓在下方，僅一手觸敵的狀況，單手連化帶打，在體位上是甚難用力的絕對劣勢，也就是在此力小的劣勢下要拔對方的根而發出對方，使對方彈出，這是絕對真實的力小勝力大的展現。

先師吳國忠曾說：「熊經至少要勤學三年以上才學得會。」這個會就是要會發勁應用。能熊經發勁，太極拳懂勁功夫，大概已有相當水準了。

貳拾伍

溫故知新探討勁法

一、前言

最近吳老師在道場授課時，偶會找一些師兄做示範，再從中指出缺點供我們瞭解改進，其實大多數的缺點都是老生常談的，為什麼大家就是改不掉呢？為此老師常說我們前三個月的功夫沒練好，地基沒築好，這固然是主因之一，但是有些基本動作非常優秀的師兄上陣示範發勁，依然是難以根除熟知的斷、抗缺點，究竟是什麼原因？

老師常要我們多讀古書，上友古人。但當我們懷著某種目的去讀古書時，其實已懷有一些自己主觀的想法，此即與道家無為而為與反者道之動的觀念背離，焉能上友道家古聖先賢？

偶而漫無目的的翻翻古書，或是重讀拳經，由於溫故知新偶而會對其中一兩句話產生會心的一絲靈光閃過，即刻的把它記錄下來，之後再仔細演練，細心咀嚼，似有體會。

老師最近要我們寫練拳的菜單，我想若依菜單練拳，如果菜單列得太少，必逐漸變懶；但如果菜單列得很豐盛，而若迷霧未解，多練反而更陷於迷

惑之中。因此僅以溫故知新解迷自勉，並將近來的一點點心得提出供大家批評指教。

二、有關有力打無力及無力打有力的省思

人類從出生起，從學爬、學坐、學站、學步、遊戲、爭吵及謀生活或求生存等等，人人成長學習的過程都是從柔弱無力往強健有力方向進展。這種習性運用在武術上，當然是以有力打無力，通常其效果也是顯而易見的。因此絕大多數的太極拳習者，在練習太極拳動作時或許懂得放鬆不用力，但一旦推手或發勁應用時就重拾用力的習慣。師兄們發勁應用時呈現的丟頂斷抗，可說大多是用力的習慣未根除。

拳論云：「斯技旁門甚多，雖勢有區別，概不外壯欺弱，慢讓快耳。有力打無力，手慢讓手快，是皆先天自然之能，非關學力而有為也。察四兩撥千斤之句，顯非力勝，觀耄耋能禦眾之形，快能何為？」意即所有的「**壯欺弱，慢讓快。有力打無力，手慢讓手快**」之法都被太極拳經視為旁門左道，反之太極拳應該要無力打有力。

那麼，究竟為什麼無力能夠打有力？如何練得無力打有力？首先要界定太極拳「無力」的定義。無力不是什麼都沒有，不是如豆腐般毫無承載力，而是有氣遍周身（有氣）、內氣能夠鼓盪（氣

動）、內氣能夠運行順暢（氣行）的基礎條件下，有力而不用力，或堅持不主動用力而行被動的黏隨。

《道德經》云：反者道之動，弱者道之用；柔弱勝剛強；以天下之至柔馳騁天下之至剛等等，說明老子認為柔弱無力可勝過剛強有力。《道德經》又云：上善若水，水至柔；水善利萬物而不爭。由此可知，老子在兩千五百多年前已告訴我們，要效法水的至柔特性以克制剛強。

老師在《太極拳道幾》書中有篇「水風真訣」亦說明太極拳應用上，全身有形之體要如水般自然往下漩，無形之氣要如風般輕靈往上旋升。從《道德經》的思想到吳老師的傳授，其實已洩盡無力打有力的天機。

三、本門功法在無力打有力實務上的應用

雖然在認知上，習者已暸解水風特性的妙用，但實務上要達到以無力打有力，輕輕一晃就讓對手離開三步以上，確實還困難重重，往往在未發之先信心滿滿，一接手印證卻醜態百出。除了固有習性難改之外，臨場正確的功法自然的配套，是發勁成功與否的重要因素。

鄭師爺曾說：**有斯體必有斯用**。因此，拳架的每一式或每一個內功功法都可應用於太極拳發勁。

老師常說：這一式你聽懂了沒？懂了還不行；你會了沒？會了也還不行；你熟練了沒？熟練了也還不行；要變成你的習慣性反應，才是真正學會了。雖然如此，還是要驗證你的習慣性反應是否正確？是否合乎道家自然無為之理？

同樣一則拳理，說法相同，但每一個人內在的認知與體會可能不同，唯一可以判別的是可否幾乎不用力（或是用最小的力），一碰把人發出三步。為此，無力打有力雖然是老生常談，但是還是有必要再溫故知新，再深入探討。

於下舉按勁和擺勁為例探討。

四、按勁的探討

按勁是母勁，因此先從按勁來探討。一般來說，發按勁時，以迴旋接敵，蓄勁於後腳湧泉。拳論云：**蓄勁如張弓**；老師亦常說：**全身要如滿弦的弓**。但畢竟身體不是弓，要如何像滿弦的弓？就讓許多人似懂非懂，甚至一團迷霧。

以我的體會，蓄勁是：先暫時不管張不張弓，先求自己虛實分清、中定、放鬆，此時可些許加入的左家功法有小乘法、橐籥功、九轉玄功第一、三、四、九關等。使有形的能量及無形的拙力下降（濁氣下降），都釋放到實腳湧泉（甚至好像深入腳下之地底）；同時藉神之放鬆以虛虛領起從百

會上沖向太虛（清氣上升），其過程不可存一絲濁念，純任自然而然（雖然很難，但要不斷自我要求）。並同時要將接觸點的任何阻力收斂回丹田，順下湧泉。

所謂「無力」也許可說是把對方來的正壓力，用我內斂之能量（負壓力）平衡，使阻力趨於無力狀態。此時因濁氣下降及清氣上升，其中間的中脈無形中產生如弓的自然張力。

發勁時：湧泉微微連根晃，同時全身所蓄能量不受任何掛礙，自然一齊外放，也不許任何主動加力，只許因敵變化。勁向通過對方中心線朝遠方或其湧泉地底深處，此合乎拳論所謂發勁如放箭。內斂也可說是吞，發放是吐，含吞吐於霎那之間，不留跡象。當下可適時適切些微加入的左家功法有大乘法、橐籥功、鳥申、靠山功、九轉玄功第一、二、三、四、五、六、八、九關等。

發勁最讓人迷惑之處為，究竟是什麼力量使對方出去？然而發勁當下一有迷惑即氣餒，氣餒則必逃或補以用力，以致功虧一簣。

因此，既習道家太極拳就必須堅信無力能夠打有力，不可存一絲懷疑，只要能夠依理如法，發勁就如老師所說的：不難。

按勁的修練法，除了正確的拳架外，最重要的是要練好老師傳授的按牆功。

五、�勁的探討

除了按勁之外，�勁是最值得探討的一個勁法，鄭師爺曾說他在楊家七年僅得一個�字。千萬不要輕視此句話，由這句話，可得知師爺是以�勁得悟太極拳道。

吳老師曾說：�屬坎卦，坎為坎陷，坎陷最險，坎亦屬水，水亦最險，水最險在漩渦。因此，�勁是險中求勝的功夫。在實務上，�是後退加上旋轉，後退是置自己於險境，是給對方送餌，旋轉即是轉化自己的險為對方的險，而徹底勝敵。

鄭師爺除了只提示在楊家七年僅得一個�字外，似乎未特別提�勁怎麼練？怎麼用？但從鄭師爺所傳功法，除了左家功法外，他曾經公開傳授與談論，且楊家沒有的功法就是熊經。師爺不明說熊經是�，但熊經的疊腰眼是（漩）；熊經的五心相通是（虛實分清、氣遍周身、行氣暢達與二氣迴旋）；熊經旋轉時實腳湧泉與百會軸線的不偏不倚是（中定），這些要求和�勁要求應該是相同的，因此可以說練熊經也是在修習�勁。除此之外用熊經練勁法還有一個好處，就是容易辨別真假。

用熊經發�勁是不能用力的，用力必發人不出，只有真正會用�勁，會不用力發人得出，才有可能用熊經發勁。因此由用熊經發�勁很容易看出

是用力或是用勁。

攦勁很難,其實練法很簡單,以正確的熊經要領加上仿如按牆的練法,持之以恆,可幫助早日得參攦勁奧妙。

六、「學」「習」與理解太極拳發勁應用之迷的關係

許多人學習太極拳大都把重點放在「學」,而忽略「習」。由於好奇心使然,拳式學完之後,便放下拳法,改學劍式、刀式;對某家拳法學完後,又改投他家,不能恆心久習,最後,對什麼是真正的太極拳仍然是迷。神龍同門也許較少有此現象,但仍有不少人入了門不久之後,即不再見蹤影,除了環境因素外,不乏是學而不習的心態所致。

子曰:學而時習之。「時習」是時時修習之義,有如老師所說的太極生活化,在平素中乘廢時、勤習不輟,以成為習慣;「習」亦包括改掉舊習,以新學得的正確方式,勤習而另立新習慣;《老子道德經》說:為學日益,為道日損,損之又損,以至於無為,能無為而無所不為。因此,為學固然多多益善,但真正有用的是:經不斷熔煉、去渣後剩餘的精粹,且這精粹還幾乎是無形無象的。

如果你學得的已過多(多則惑),已不易分辨何者是須要改掉的舊習?何者是必須損去的糟糠?

孔子曰：吾日三省吾身，聞過則喜。而鄭曼青大師說：改過在靜慮。故時時省察、時時靜慮，係為道日損、知錯改錯的最佳法門。

貳拾陸

博與約

一、前言

記得民國82年的某一天在台北晉江街的吳老師家（當時的神龍武道館）學拳時，上課前和老師聊天，老師曾對我說：「進富啊！要由博變約。」老實說，我當時對老師講這句話的真義並不能完全瞭解。反覆思量後，即藏之心中不敢或忘，久久拿出再思量一番，經年累月之後，由於老師不斷的教誨及多讀書，對經書上道理的瞭解及自己的反覆思考，似乎從中得到一些體悟。

二、知識的學習代表知識的彙集，彙集得愈多代表知識愈廣博

《道德經》云：「為學日益，為道日損……」學習任何知識（包括技藝），必須勤學以力求廣博，但學習而得的知識之廣博，在某些角度來說，

亦代表知識之雜亂，代表其中有某些知識是不恰當或不合時宜的；其中有某些知識亦可能沒有使用成效的；或即使可能非常有成效，但如果沒有充分瞭解、消化，成效不易顯現。

所謂「盡信書，不如無書」。書中的的知識代表是作者的知識，師授的知識也僅代表是老師的知識。更何況，不論是從書本或從老師的途徑獲取知識，都會有若干語言文字傳遞上及接受上的障礙，因此如果沒有經過自己的充分瞭解與淬鍊純化，去蕪存菁（即所謂為道日損），不太可能成為自己的有用而可靠的功夫。

民初有位大軍事學家蔣xx將軍，精通古今中外軍事學理論而馳名中外，但是他一生沒打過勝仗，也就是說，他太多的軍事學知識並沒有為他帶來真正的用處，為什麼？我認為他可能是軍事學知識太過淵博，臨場用兵時，會求好心切，希望從眾多軍事理論知識中挑選最有效的對策。既須挑選，就必然產生遲疑而有所延誤，戰場瞬息萬變，稍有遲疑，即延誤致勝之機。

三、功夫的淬鍊，是將所有的知識熔煉化合中去除雜質，產生單一精純的學問——道

再回到《道德經》所云：「……為道日損，損之又損，以至於無為，無為而無所不為。」為道的

階段，就是將從前博學所得，經融會貫通，日日丟棄一些不合時宜的、無用的知識觀念；改掉之前養成的一些惡習。日復一日的反省，發現過失，徹底改掉過失。使千百種知識，經淬鍊後化合，去除雜質，成為一項貫通天地自然的新知識；使千百種舊習慣，變成單一精純的、有大作用的新習慣。老子稱之為樸，或稱之為清淨無為，或勉強稱之為道。

四、太極拳的博學

純就學術來說，太極源於易經，是門極為博大精深之學；而太極拳理論又根源於太極之理，單以此論之，太極拳之理已極為精深。況道家太極拳崇黃老之學，又是遊於藝、進於道之學，簡直就是中華文化的精髓，是數千年來先聖先賢智慧心力所累積，即使吾人窮數輩子之努力向學，未必能得大全，何況人生僅僅短短數十寒暑，能真正成就博大精深之太極拳之學嗎？

很顯然是力有未逮的，但是我們必須先要瞭解太極拳之學、太極拳之理，最終是要學以致用的，我們不能妄求先成為太極拳大學術家之後，再來學太極拳之致用，我們必須儘量利用先聖先賢的智慧、經驗，挑選最好的、最有用的學問學習，正所謂「江水滔滔，我取一瓢飲」，且邊學、邊用、邊改，去除糟糠，萃取精華。一心多用，無時或忘乘

廢時，若如此，或許吾人在有生之年，能夠略窺太
極拳體用之堂奧。

五、太極拳之簡約及其習養

　　人體大腦約有數十億個不同作用的神經細胞，
有感覺神經元、有運動神經元、有記憶區、有語言
區……等等，而神經細胞的作用靠連結，而且是愈
常用的部分連結會愈緊密，不常用的部分就較為鬆
散。通常腦神經有很大的容量彈性，但縱使人的大
腦有很大的容量彈性，大腦的意識容積終究是有限
的，因此大部分的記憶，經過一段時間不運作之
後，其相關的神經細胞的連結，會逐漸鬆散，記憶
也就會從意識區暫時忘記，或進入潛意識區。進入
潛意識區之記憶如果在其表層，有時可經由追憶或
刺激而喚醒；如果進入潛意識之深層，將永久遺忘
無法喚醒。因此，許多靠記憶暫存在大腦的過於雜
亂之知識，在急切需要時，無法瞬間同時喚醒，故
無法瞬間進行正確判斷。

　　靠記憶暫存在大腦的繁瑣的動作，也很難在臨
敵瞬間同時喚醒，選擇進行正確有效的反應。如果
經由不斷的正確演練使相關的運動神經細胞為主的
神經元緊密連結，能組合形成有效快速的習慣反
應；或經由不斷習養虛靜，以心追憶，或許亦可加
深相關感覺神經細胞為主的神經元緊密連結，此內

敏的無形能量所形成的浩然正氣與正確快速的習慣反應，二者合一才可能迅速在臨敵瞬間，爆發不可思議的有效反應，這功夫可稱作聽勁、懂勁。

吳老師經常告訴我們：「太極拳的應用反應時間要低於0.3秒；太極拳的致勝的關鍵在第一念。」這其實就是掌握得機得勢的先機，平素所習練而得的功夫，要藉由習養而得的聽勁，以最快的速度自然而然反應，不容許有雜念、不容許有選擇，亦不容許有絲毫遲疑，方能有機會達成「動急則急應，動緩則緩隨」（緩隨一樣需要有快速的反應能力）；「彼不動，己不動，彼微動，己先動」；「敵不知我，我獨知人」的境界。

至於如何習養高深敏銳的聽勁？須如吳老師告訴我的由博學轉簡約開始，這也許就是鄭師爺創簡易太極拳的本意吧！

簡易太極拳雖已刪繁就簡，但仍然有太多的動作與要求，我們要知道太極拳武術應用時，不是臨場思考選用哪一招哪一式來應對，而是以全部的所學熔為一個反應。

而簡易（傳統）太極拳每一招式只是學習功夫的平台，例如：常人認為最簡單、最易忽略的預備式，仍可分解成許多細部動作，臨場應用時不能冀圖哪一動可以打人，因為其中任何一個有形動作都不能打人，但是其中任何一動都可以練功。

以第一動來說，簡簡單單落胯鬆沉到右腳的動作，因為它簡單，我們才可以藉之練守丹、河車倒運、橐籥功、涵胸拔背、鬆腰落胯、尾閭中正、神貫頂、分清虛實、氣沉丹田、雙螺旋、氣遍周身……等等眾多功夫。

單獨一項練熟、再二項、再多項同時一起練，當一個細微動作能熔入眾多功夫且成為習慣反應後，不須特定招式，在應用接觸的霎那，功夫自然而然的反應出來。其內含的眾多功法元素可稱為「博」，熔成一個整體基本反應後可稱作「約」。所以吳老師總是要我們尋根，不要只摘樹葉，因為根只有一個，樹葉有千萬片；鄭師爺在《體用全歌》裡也告訴大家，「化身千億歸抱一」，這個歸抱一就是將太極拳博學變為簡約的意義。

貳拾柒

藉物練功與練太極拳

一、前言

先師吳國忠生前常要求我們，練太極拳要藉物練功。那麼，何謂藉物練功？藉物練功和練太極拳有何相關？如果這些都沒搞清楚，我們如何能做到

藉物練功？

　　太極拳原理根源於太極學理，太極學理就是易經學理。先師祖鄭曼青說：「易與天地準，故能彌綸天地之道，準則易之至理也，彌綸者，即在乎人耳。開物成務，冒天下之道，非立人無可言者，所謂化而裁之，推而行之，舉而措之，皆賴乎人能立，而後言。倘欲窮理盡性之道，而不於易究之，終為無根之學，不足貴也。」（鄭曼青，易全P四）。

　　易《繫辭》云：「易與天地準，故能彌綸天地之道，仰以觀於天文，俯以察於地理，是故知幽冥之故；原始反終，是故知死生之說；精氣為物，游魂為變，是故知鬼神之情狀。……」

二、藉物練功的內涵

　　若將「物」視為天地宇宙間之萬有，則藉物練功乃係還原太極拳為易學之原貌，此原貌就是《繫辭》所說的彌綸天地之道，祂是仰以觀於天文，俯以察於地理，是原始反終，是以精氣為物，游魂為變。故能知幽冥之故；能知死生之說；能知鬼神之情狀。哇！這太厲害了。

　　這段辭的最高階段竟是：「深入親身經歷觀天文，察地理，而知極幽深的物理物性源頭；並反覆探索，而得以知死生的變化因果。並且以自身的精

氣和外物相摩相盪，和光同塵，從超然物外的游魂
體驗，而知鬼神之情狀。」

當然，以個人的能耐絕無法於此，祂可能是人
類最後最高的發展階段。但祂至少指示了我們修練
太極拳的一個正確觀念、方向與途徑。那就是太極
拳可藉鏡之物是無限量無止境的；太極拳的修練不
僅是知識性的，是要修練自身內在的精氣來和萬事
萬物相感應的；太極拳也不是憑有形與有為去獲得
的，祂要如老子的如恍如忽的無為，似游魂一般的
超越鬼神之能。

三、藉物練功的入門方法

藉物練功範圍浩瀚，我們周遭隨處可得借鏡之
物，例如：晨曦、流瀑、海湧、流水、牆壁、沙
發、垂吊的沙包、垂吊的衣服、樹木垂枝、花草
垂葉、書法、畫藝、詩詞、沙漏、陀螺、氣球、皮
球……等等。

藉物練功要獲得的是物理、物性。從這些大自
然的物理、物性熟習，內化為我們自身的習性。練
法可手摩、可心追、可神會，更可兼而用之，以涵
養聽勁與懂勁。

例如：晨曦可內視觀看，紫雲蓋頂，獲生發之
氣（一元功）；流瀑可內觀獲濁降輕升降之理；海
湧可內觀獲拔根之理；流水可觀其流過溪澗，遇砥

石時，流水的變化，以觀水最柔的千變萬化的變化樣態；牆壁可供練虎背功，體會內氣的瞬間激動爆發之感；沙發可供手摩，輕微觸覺變動以及於全身蠕動因應變化；垂吊的衣服、樹木垂枝、花草垂葉等皆可供手摩，習練與萬物應對的同動同化，應物自然；書法可手摩習練一橫一豎之意及八法之布局，亦可心追神會名家書法氣蘊；畫藝可手摩習練整體布局，亦可心追神會名家畫作氣蘊；擺正的沙漏內鬆鬆的細沙，輕輕流過洞嘴，宛如氣蓄斂入湧泉藏於地底；陀螺的旋轉樣態，可藉以體會定無常定，不失中定，方為中定；氣球是一個氣囊，可捏它、彈它，氣在囊中的傳遞，藉以體會氣遍周身；皮球是圓的，圓滾滾的皮球若放在平地上一踢就跑，若是放在牆腳，你踢它，它會讓你反彈回來，從而體會氣有根和氣無根的區別。

以上僅是萬物中的極小一部分，單單這些，就可能需要幾十年的時間去習練與體會方有大用。因此藉物練功的功是苦練與經驗的累積。

三、結語

藉物練功，開始時可能不會有什麼體會，或甚至完全沒有體會，但不能氣餒，必須有耐心，有信心，持志以恆，日久方有所成。

貳拾捌

橐籥功體會

一、前言

道家太極內功之中有一項橐籥功功法。《道德經》曰：天地之間其猶橐籥乎，而我們道家太極內功法有橐籥功，是偶然還是必然？橐籥是什麼？練橐籥功對太極拳有什麼幫助？……種種謎團。以下嘗試一一論析。

二、吳老師的著作《中國炁功心法》記載的橐籥功功法

橐籥功功法出現在吳老師著的《中國炁功心法》，其功法有站、坐、臥三種。而吳老師正式傳授只有站式一種，且傳授的和著作上寫的略有差異。因此特將老師著作《中國炁功心法》的橐籥功重點的摘錄如下：

（一）、站立行功

第1、2點：為行功前準備動作，在此省略不記；

第3點：用意志和精神，好像自己身體中央線（即任脈）連同五臟六腑剖開成兩扇大門，然後呼氣時，使兩扇門自動關攏；吸氣時自動打開，兩手

不可存有助力，完全依附在身體脊骨上（夾脊部位），好像橐籥一樣，一開一合，合時，雙手手腕在胸前大約六寸處交叉，男手左內右外，女手右內左外；

第4點：動作自然，呼氣時同時用意志和精神，將自己肋骨向下方疊，內氣有向前包及向下、向後捲之勢；

第5點：吸氣時任脈和臟腑同時打開，使全身內炁貼命門穴（肚臍背後第七節脊椎處）；

第6點：呼吸將氣吞吐時，舌根和舌要順著呼吸之勢，在口中旋轉游動，使舌根一藏一伸，此時全口生津自帶甘味；

第7點：行功至口中口水多時，再慢慢嚥下丹田，和行炁配合一致；

第8點：行功時應視各人體能狀況而定，普通人十五～二十分鐘為宜；

第9點：眼神注視，守住一點的任何景物，其景最好是自己所喜歡的景物。

（二）、坐姿行功和臥姿行功

於站姿精純後，已可以用坐姿及臥姿行功。

三、吳老師親傳的橐籥功練法

二十多年前，我在台北晉江街吳老師家裡所學的橐籥功，就是我深信不疑的練法（非僅是狀

態），當時，老師親口講授並示範橐籥功。記得練法過程是：

（一）馬步站好，兩手抱十字手，手指握半劍訣。

（二）三調調好，意守丹田。

（三）配合吸氣時，督脈上下一起整體平行往前（亦即往內）移，同時任脈上下一起整體平行往前（亦即往外）移，過程中保持中脈中定不動。兩手由抱十字手，保持同樣高度，向兩旁捲開。兩邊肋骨部位向後包、向下疊動。

（四）配合呼氣時，任脈上下一起整體平行往後（亦即往內）移，同時督脈上下一起整體平行往後（亦即往外）移，過程中保持中脈中定不動。兩手由兩旁，保持同樣高度，向前向內捲回到抱十字手，兩邊肋骨部位向前包、向下疊動。

（五）所練的任脈是從喉結到恥骨這段。

（六）所練的督脈是從大椎到長強這段。

（七）反覆練習。

教學過程中，老師請同學摸他兩旁肋骨處，以感覺身體的捲動情形；老師又請同學以手刀與小手臂為尺，量測老師任脈與督脈水平移動的距離。老師還強調練橐籥功要放鬆，絕不能用力。

老師還補充說：橐籥功不好練，初學可找約一分厚、二十公分寬、四十公分長的木板做樣尺，搭

在任脈上，輔助練呼氣任脈往後走，任脈會走動之後，督脈也就容易練了。

四、老師說過的相關話題

（一）走化，化四邊容易，化中心難，化中心必須要用橐籥功，只要橐籥功能比人多鬆一點點，任脈比人多走一點點，就能夠贏人。

（二）拳架裡關門的動作，必須用到橐籥功。

（三）按是母勁，拳架按，不論退或進，都要用到橐籥功。

（四）各種功法練習都可加一點點橐籥功。

（五）發勁時需要加上一點點橐籥功。

以上這些話都說明了橐籥功的應用功能，從拳架、功法及發勁的應用反推，老師其實在教拳架、功法及發勁時，一直反覆提示橐籥功練法。老師又引用師爺的說法：有形的功法最後剩下橐籥功；無形的功法最後剩下養丹。

五、名稱字義的聯想

橐籥功的橐籥兩字，原來指的是打鐵舖裡火爐的風箱（亦稱鼓風機），功用在吹氣到爐心助燃，使爐火溫度升高。據說，古時候風箱是用木架加皮革製成，為節省操作體力，設計成無論往復，推或拉動，都能吸氣把氣吹送爐心。

風箱是靠箱（或缸）內空間的開合，產生空氣的流動（行氣），箱體（或缸體）從合（小空間）到開（大空間）是吸氣；箱體（或缸體）從開（大空間）到合（小空間）是出氣。因此，可說橐籥（風箱）的作用在開合。

六、道德經第五章相應經文

《道德經》第五章曰：……天地之間，其猶橐籥乎，虛而不屈，動則愈出……。這段話好像是濃縮的氣象學，天氣的上昇與下沉（氣壓的昇降）和地氣的上昇與下沉（霧起露落），不斷使天地之間產生氣流（風），就像橐籥一樣。天空雖是虛空的，但祂卻能容納大氣的作用，生出大大小小的風，這風進而與水相互作用而雲興雨施，滋養大地，惠及萬物。但如果天地之作用變化太大（動則愈出），氣流就愈大，便形成強烈颱風。天地之間，也好像橐籥一樣，主要也是天地之間上下開合，而產生行氣（氣流移動）的作用功能。

七、自我體悟

（一）橐籥功不是真正等於橐籥，因為人畢竟不是橐籥，應只是取橐籥的內涵，效法橐籥的開合作用。而練法則需確實遵照老師的教法。

（二）鄭師爺說：有形的功夫最後剩下橐籥

功；無形的功夫最後剩下養丹。細究二著之間的細微，其交集不正是開合嗎？一吸一呼，一吞一吐，一來一往，一動一靜，一發一放，等等，不都是開合的作用嗎？不都是氣的作用嗎？雖說有有形與無形的區別，但這種區別，僅是氣的顯和隱的現象而已。

（三）橐籥功似乎與中脈密切相關，因此，若以中脈為不能移的中心軸，這中心軸好像有身體前後（陰陽）兩個極性，並好像有極性開關的作用，控制任督二脈的開合。當任脈往中脈合時，氣往督脈方向流出，並同時督脈退開；當督脈往中脈合時，氣往任脈方向流出，並同時任脈往前退開。

（四）為了讓任督二脈能靈活走動（開合），以中脈為中心，左右兩旁的身體要像兩個滾筒一般，靈活相互滾動（套動）。

（五）過程中，中脈雖不能移位，但要能使濁氣下降，使中脈像根針軸往下鑽入地底；同時，清氣上昇，使虛靈頂入虛空中，如此將能瑨進中定與弓弦的作用。

（六）過程中，一定要保持身心的放鬆，因為練橐籥功最後的目的之一，就是促進及運用身體中線的鬆活。

貳拾玖

水風真訣

水和風基本上都是流體，各有不同的特性，但有時可以相互攪和。

水是有形有象、見得到、摸得到，在不同溫度可變化為三種樣態：在常溫下它是液體，無常形，象徵陰，常趨下而不爭，利萬物而不居，納百川而成其大海，可浮載巨輪而不沉，當它相互激盪擠壓時可發出無限的能量，能覆舟，能毀堤，釀成各種災害，也能行舟發電，以利民生，正所謂水性柔弱而險；在低溫下它結冰變成固體；在高溫時它變成氣體，與空氣相互作用形成風。推溯到原本，水是氣（氫和氧）的化合。

風是氣流所生，氣包括碳、氮、氧、氟、氖、氦、氫等等各種氣體，也可能包括水氣。氣在平靜時，無聲無息，無形無象，充塞天地宇宙，人生於其中，而不覺它的存在。氣一經寒、熱、燥、濕的影響、動變之後，由膨脹、收縮及對流等作用，形成各種型態的風。緩柔的微風，助長萬物；疾勁的暴風，形成颱風、颶風、龍捲風等，摧折萬物。風屬於陽，通過各種竅孔，能發出各種不同的聲音，因此聲音也是風的另一種表現。

　　左家道家先聖先賢體察水風之特性，而創水風真訣這無上的武功心法。

　　練太極拳時，如能將所有有形的形體，變成似水般柔順，如將敵方視做堅固的堤岸或河谷中的砥石推想，大約可歸納成以下幾種樣態狀況：

狀況一

　　水遇堤岸的束縛，常年累月浸潤岸壁，鬆化岸壁結構，並將岸壁不斷侵蝕，一旦水量大時，陣陣浪湧，很容易就把堤岸沖毀。

狀況二

　　水遇砥石的阻擋，水量小時，從石旁緩緩繞過；水量稍大時，水漫石頂而過；水量再大時，水沒石頂而過；水量更大時，砥石定力已不足而隨流水翻動。

　　河谷中的砥石，萬千形狀，有尖有圓，有凹有凸，流水遇到它們時，決不逃、不懼的正面迎向它們，但接觸的一霎那，卻輕柔順勢的、不拘形象的轉化，水雖如此的溫柔順從砥石，但到最後，水還是水，堅硬的砥石將變成砂礫矣！

狀況三

　　水因聚而成勢，觸石的水，只是接點，該接點的水，本身質量、能量都非常有限，但緊跟其後的整體的流水，藉勢推擠激盪，才是水力能量的顯現。

狀況四

水流遇阻力而彎曲而變成漩渦，漩渦所在，常成為一泓深潭，為何成一深潭？乃漩渦之水最疾、最險，力量亦最大，使土石經不起漩渦之沖激而流失矣！

狀況五

水流遇阻力而彎曲而生漩渦，但如果是在大海裡水量大得蓋過漩渦，使表面看不出漩渦，仍然好像平靜的樣子，而其實內藏的能量更為凶險可怕。

狀況六

水能吸納他物，以吸納他物之能產生綜效：水從高山流到大海一路夾帶礫石、泥沙、枯枝、腐物等，奔流大海，途中若遇阻擋，這些夾帶物質就和水形成破壞力的綜效，土石流、暴洪因此產生。科學家了解水的這種特性，在水中添加細砂，並加壓、加速水流而形成水刀，成為切割鋼鐵硬物的利器。

由以上簡單的歸納，藉物悟道，體會太極拳的體用，如把本身任何有形有象的存在，變成如水一般，且將太極拳的與敵對應，如流水與砥石之對應，反過來看，則可悟出一些太極拳體用的道理，分述如下：

一、似第一種狀況

對方如石頭般沖向你，要如浸潤之鑽般浸潤到

對方四周甚至體內，掌握並擴大敵方的弱點，順勢激盪，得機得勢，反而使對方不沖自沖，不倒自倒。

二、似第二種狀況

對方如石頭般沖向你，如果你感到對方非常壯大堅固穩定，你當然要輕柔的順從化解，如果你感到對方雖然堅固穩定，但你的實力足夠，可以輕柔的嘗試吞沒它，如果你感到對方即使壯大，但不很穩固，那麼盪它一盪，使對方如在水流中翻動的石頭，被拔出而翻動矣！

亦即遇敵必須把敵方看成利刃，不可大意，但也不可臨敵畏懼，要瀟灑輕順的避過其鋒，不拘形象的順勢走化，以整體的能量激盪，化是打，打是化，以正出，以奇勝。

三、似第三種狀況

全身是手，手非手，手之觸敵不是用手打人，而用整體之勢發人，所謂發勁形整也，觸敵之手，只是接點，是斥候而已。

四、似第四種狀況

「直有窮，曲無盡」，曲線展現無窮的延伸，也蘊藏無窮的能量。鄭子太極拳強調走曲（雙螺旋），所謂勁以曲蓄而有餘，例如寒芒衝霄，正是發揮曲蓄而有餘的高度表現，以漩渦之勁來實現太極八卦坎陷的神秘的潛能。

五、似第五種狀況

「滿瓶不動，半瓶搖」，擁有充實的內在，外表反而是平靜的樣子；內在不足者，反而常常想在外表上炫耀。一個具有高深涵養的武術家(任何領域的學者亦同)，於臨敵（或處理事務）時，不管其謀略是如何的深遠，其手段是如何的驚天動地，他的外表神態須是神閑氣定，這種神閑氣定越徹底，可代表其涵養功力越深厚。

六、似第六種狀況

能藉力使力，納入彼方之力甚至天地之力，就能達成太極拳雷霆萬鈞的綜效。

太極拳如能效法水的特性，已然是夠厲害了，但如加上風的推波助瀾，則將更是驚天動地，論水之威力，大海的洋流是最強的，而洋流一旦遇到颱風的激盪，則簡直是昏天暗地，轟轟烈烈，當者披靡。很巧的，最厲害的風都是走曲線的，走漩渦的，龍捲風、颱風等都是。當風動雲湧時，狂風挾帶水氣，或旋升而直上九霄，或下漩而捲起萬堆滔天巨浪，展現水風相乘的威力。

太極拳先聖真是偉大，能體悟此理，付諸修行，從細微處體察氣機，從而涵養修煉氣的質量，聚沙成塔。結合內氣、外氣，直養而成浩然之正氣，或元氣。此氣不用時內藏於密，無形無影，一旦流布，可外彌六合，馭乘有形之形體，鼓動激

盪。往下形成如巨瀑之漩渦，往上挾起一切之一切，如龍捲風般上捲九霄，這種盜取水風精華的根據，就是水風真訣。

参拾

太極拳發勁時機

太極拳是門高深的武術，也是古時候生死搏鬥的的武術，現今科學昌明，武器科技突飛猛進，即使百餘年前的槍砲，也非任何武術所能抵禦，義和團的鬧劇，給中國人深深的屈辱與教訓，因此太極拳漸漸淪為表演的技藝。即使如此，大多數的太極拳愛好者仍然緬懷太極拳往日的榮光，想一窺太極拳武術的效果。

太極拳最為人津津樂道的是發勁，輕輕一碰就將人發出三步之外，相信是每位太極拳愛好者朝思暮想的期待。太極拳發勁，首先要掌握發勁時機，時機掌握恰當，方能得機得勢，獲致發勁的效果。

從師門的傳授及太極拳文獻篩選，太極拳發勁時機可概括：

一、敵方舊力已盡，新力未生之時

敵方舊力已盡，新力未生之霎那，敵體有如無主之物，在此難逢時機，我方適時發勁，阻力最

小，一切成效操之在我。

二、敵勁將出未出，將盡未盡之時

敵勁將出未出，將盡未盡之霎那，敵方已油盡燈枯，新生力量未及增援，稍一受擊，有如驚弓，最易驚逃，如能綁縛其身心，截其退路，即能將其應手而彈出。

三、將敵體引進落空之時

《張三丰祖師太極拳經》有云：「若將物掀起而加以挫之之力，斯其根自斷乃攘之速而無疑。」這個欲將物掀起而加以挫之，就是要造成將敵體引進落空。此時敵前進方向的勁力突然落空，而殘存向前的衝力猶存，敵急欲抽回，此時機我適時發勁，我可借得敵來的衝力及其欲抽回之向力，在此雙重的助力之下，我可得最省之消耗，而得最大的成效。

四、我順人背之時

大凡人之攻擊與防守，必有其方向性。敵來勁，我抵禦之，是所謂頂抗，也就是逆；我竭力撤退，是所謂丟（丟則必斷），也就是背勢。鄭曼青大師太極拳強調聽勁、懂勁。

交手可藉聽勁、懂勁偵其勁向，再以陰陽相濟，我觸敵之手絲毫不受阻力成陰虛，濟之以陽，從敵力之後順敵向而攻之，是所謂我順人背，可以最小之己力獲致勝果。

五、將敵攔腰半路截

若敵勢來得迅速猛烈，我如力禦之，必成頂抗，我若遁逃，則必成丟斷，凡此皆為太極拳智者所不取。那麼，要如何處理呢？此時應迅即以鬆柔之虛手盪上，觸敵來勢之中段，隨即於觸點變轉陰陽（**或虛實**），以陰順化，再以從陰轉化的陽，採截其力的背向，或牽、或採、或迴旋轉而按之、擠之。此即攔腰半路截的致勝要法。此法也是危急中變轉為我順人背之法。

太極拳世稱長拳，式式綿綿不斷。因此，太極勁也是纏綿不絕，無始無終。隱則退藏於密，顯則石破天驚。直有窮，曲無盡，勁欲纏綿不絕，必如車輪之運轉，圓轉不息。知曉太極拳發勁時機後，為能掌握發勁時機以確保發勁獲得成效，至少須先完成兩大先決條件：

第一、確實修習聽勁，藉由推手練習及藉萬物練功，完成聽勁的基本功夫。沒有聽勁，太極拳等於是睜眼的瞎子，絕無法恰到好處，精準的發現與掌握太極拳發勁時機。

第二、太極拳所有的基本動作都要鍛鍊紮實，例如：涵胸、拔背、鬆腰、落胯、氣沉丹田、尾閭中正、神貫頂、腳分虛實。以及兩腳移位樞鈕再尾閭、兩手陰陽交替樞鈕在夾脊、一動無有不動、平整均勻⋯⋯等等，這些基本動作若未紮實，一動即

丟頂斷抗，毛病百出。發勁時機豬羊變色，把我順人背變成我背人順，空貽嘆息。

參拾壹

左家八手解析

左家八手為：處（觸）定；接縮；交明；化順；探空；短妙；回替；必（逼）變。

詩云：萊蓬道仙顯神蹟　八手玄妙無為一
　　　手手皆蘊太極理　功到用時真神奇

左家八手是吳老師金盆洗手時，始初步公開給道場第子。惟老師只述其重要性，在雲房當場並無詳細解釋。老師有繕寫數個錦囊，分交各國負責師兄謂：每年在由各國交換閱覽。後來左家八手的研習即石沉大海。

本篇是以作者個人依拳理及實際的體悟而作，不知是否合乎吾老師的錦囊？則需我神龍各國負責師兄斧正。

左家即道家，因此欲明白左家功夫，必須先在道家思想下工夫，所謂和其光、同其塵也。當真正明白道家思想的主要重點：無為、寡慾、守柔、儉嗇、虛靜、順應自然、不自見、不自伐之後，左家

八手口訣這十六個字，應可明白其輪廓。再加上對太極拳功、拳、劍、理、氣、象的勤修與體悟，對左家八手當能豁然貫通。

第一手：處（觸）定

詩云：起手處定定無定　中定本在動靜求
**　　　時時守中蘊玄機　觸處不定處處定**

老子《道德經》曰：道可道，非常道，名可名，無常名。勸世人莫執著於可道之道，莫圖可名之名。為無為而成就無所不為。其渾然無為與儒家之中定要旨相通，儒家修身要旨的定、靜、安、慮、得，以定為起始。

左家功夫之定，是處身在萬事萬物間，不論輕重緩急，皆須渾然而無憂，無為而無懼，無欲而心平，以不偏不倚，永保身心之中定平衡。此中定除了實體的身體層面外，更牽涉心理的層面。實際是以心理的層面為主宰，以實體的身體層面為隨從。心理能中定，則能不憂不懼，從容不迫，靈臺清明，身體才能不偏不倚，發揮身體組織的最大效能，優游肆應。聽老師的說法，此口訣是觸定，即一觸而發人三步或一觸而定勝負。

此乃太極武學的最高理想。然而古人傳承是以口授心傳，難免有口音之誤，老師亦說此口訣起先

是聽成「出定」，後來才修正為「觸定」。有吳老師的驗證，「觸定」肯定是沒錯。我想有另一詞即「處定」亦甚為合乎太極拳理。

「**觸定**」是在觸敵的霎那之中定。

「**處定**」是在立身處世之間隨時隨地的中定。

第二手：接縮

詩云：次手接縮在卷藏　乾坤開闔卷藏密
　　　人不知我無形象　靈光一現隨機上

接縮非接手時畏縮，亦非縮手逃避，是內斂精神，亦是卷藏於密，太極拳講究先陰後陽，亦即不受彼力，而還諸彼力。卷藏是蓄勁，和敵接觸霎那的卷藏就是蓄彼之來勁，來多少便蓄多少，毫不抗頂，盡將彼力吞沒於無形，接蓄之間，要化要打，聽之在我的靈光一現。

欲卷藏於密，訣竅在開闔，開闔包括形與氣，體鬆神鬆可助形的開闔。反之，形能開闔裕如，亦有助於體鬆神鬆，形神鬆淨之後，氣行於全身筋膜，暢通無阻。

氣雖無形無象，卻能潛藏無限能量，整體氣盪的波反應極為迅速，隨心所欲，得機得勢，不但能卷藏彼力於無形，更能含吞吐於霎那間。

第三手：交明

詩云：三手交明玄靈通　一絲微幾聽分明
　　　無我執同塵和光　階及神明勁乃通

　　與敵手接觸的觸定之後，便是接受蓄藏彼力的問題，在之後便是與敵真正交手，此交手包含力量、意氣及心神。

　　固然，我能觸定，我亦能斂縮卷藏，敵手如果是三腳貓便自如無礙，但敵手也許是功夫高手，對敵情若不明，恐影響你正確的應變謀略。因此，對一般敵手，從前面的觸定與接縮，應能決勝於霎那。如無勝績，表示敵手非比尋常。雖然如此，我們須要能以不受而保全身無損，並以聽勁探明敵方的陰陽、虛實、意圖及其優缺點所在，方能採取有效的陰陽相濟、避實擊虛的應變策略，這就是懂勁的所在。

　　所以交明的根本在聽勁與懂勁，而聽勁與懂勁除了太極拳技藝功夫的修為外，交手霎那的定、靜，與虛靈，是決勝的要因。虛容乃大，虛靈中了然對手身心一切的一切。又因中定的涵養，使膽氣不怖，心氣不餒，靈臺空虛得一塵不染，方能知機知勢，進而得機得勢。此即階及神明的境地。

第四手：化順

詩云：四手化順順在柔　參透至柔能化剛
　　　化轉虛實與剛柔　身安百年顯神謀

　　「化」是轉化，也是化解，太極拳是講求柔弱勝剛強的武術，太極拳家無時無刻都在追求鬆柔。許多太極拳家都似乎自我滿意於個體的鬆柔，也常陶醉在自我的鬆柔中，然而一旦遇到對手，推起手來就處處蹦緊，不復鬆柔，與人對決更是把鬆柔丟於九霄雲外。

　　太極拳是武術，武術的目的是贏得搏鬥，保全自己，在搏鬥中必然要遭受對手的攻擊，在化解受擊時，能順遂且保持鬆柔的狀態，就是太極拳的特色。

　　化解時，順遂與鬆柔互為因果，能鬆柔有助於化解的順遂，相對的能順遂才能保持鬆柔，化解稍有不順，即形成丟、頂、斷、抗的弊病，其中的頂抗就形成僵硬不鬆；而丟斷則是假象的鬆柔。

　　而化解的順遂與鬆柔，基礎在於聽勁與懂勁，有了足夠的聽勁與懂勁，才能在與對手的接觸中，偵知對手的陰陽、虛實與剛柔，從而掌握敵不動，己不動；敵微動，己先動的契機，進行最適切的應對。

第五手：探空

詩云：五手探空空非空　我空似如彼身影
　　　如影隨形入隙孔　破敵應在敵體中

探空其實有兩層含意：其一是在與對手的接觸中，測知及滲入對手的能量空隙；其二是在與對手的接觸中，以至柔化轉讓對手感覺空無一物。在實戰中是二者兼俱，同時存在。

第一種含意：是帶有攻擊的含意。

在接觸中以聽勁探知對手應變中產生的丟與斷，以及丟和斷的方向、位置、大小、快慢。丟和斷在防守的意義上都是防守上的空隙，這空隙的大小和功夫有關，而能否探知對手空隙的大小和聽勁有關，探知了對手空隙進而滲入到對手空隙，則和懂勁有關，聽勁愈好所能探知對手的空隙也愈小，懂勁愈好愈能能無阻滯滲入對手愈小的孔隙。

在聽勁、懂勁若於階及神明的階段，便能如水銀瀉地，無孔不入，滲入對手的防守圈，而防守圈的空隙如被滲入，就如同被束縛捆綁，處處受制。

第二種含意：是帶有防守的含意。

在接觸中以聽勁探知對手來力或頂、抗力的方向、位置、大小、快慢，從而不疾不徐的走化，對手動急則我急應，對手動緩則我緩隨。在聽勁、懂

勁若階及神明的階段，便能如對方的影子，如影隨形，讓對手感覺空無一物，致毫無頭緒，不知所措，這便是防守的極致。

太極拳能如影隨形同時間又能無孔不入，那麼化便是打，打便是化，要化要打，操之在我。應用在商場上，如能如影隨形同時間又能無孔不入，那麼，不發達也難。

另外，探空的空即為虛空，古人云「虛容乃大」。虛具有無限的包容，太極拳內功強調虛極靜篤，即是以務虛包容，來涵養身體的內在能量。宇宙的黑洞是宇宙虛極的狀態，是虛容乃大的至大顯現。虛也如同道家的無為，為無為而能無所不為。

第六手：短妙

詩云：六手短妙妙在變　變轉無形方為短
　　　無中生有有生無　妙在陰陽變化間

短妙是謂敵我雙方的對應中，從知機到應變的過程，時間及動作越短越絕妙。這種短，是趨近於無形無象，此處不提無形無象而提趨近於無形無象，是無形無象為極度完美的狀態，是神仙的狀態，人不是神仙，人可效法神仙的修練，不斷的努力方能不斷的趨近於完美。《道德經》云：常無，欲以觀其妙；常有，欲以觀其徼。無形無象方能探

得太極拳運用之妙，太極拳運用之妙在變，變化在因敵。

　　吳老師曾說：武術高手約每0.3秒出拳一次，武者出拳必是瞄準對手要害，要化解這攻擊，太極拳的變要要遠快於0.3秒，且要讓對手毫無感覺你的變化，使自己成為對方的影子，這就是應變時間上的短妙。

　　與敵交手，從接觸對方的力勁到借其力勁，或化或打的應變反應時間所移動的距離，應變時間愈短移動距離也愈短，這就是應變空間的短妙。

　　太極拳既然係因敵而變化，學習及練習上要有一個規則可循，那就是先陰後陽並變轉陰陽，先陰也就是不受，由不受並透過陰陽（太極）的變轉，即可借力、即可常持環中、即可順勢、即可牽動四兩撥千斤。如此愈練愈精，幾可無形無象，陰陽同出，此即為太極拳的短妙。

第七手：回替

　　詩云：七手回替以變轉　　弧圈還有弧圈連
　　　　　化空補空圓無端　　沾黏連隨不丟斷

　　回替亦可說仍是變轉的一環，回是迴轉，替是替手，替手是以手掌替身體（通常是胸、腹部要害），以新接點替舊接點，以離心遠端替近端。

　　在鄭曼青師爺的《鄭子太極拳十三篇》的第七篇勁與物理，有帶有許多三角的圓圖形，顯示由於轉動，可使這些角的迴轉循環接替攻擊，這是因為一角轉去，後面又接替一角，生生不息，替手就是利用此種義理。

　　現代機械工作母機的銑刀，也是用那些圖形相同的原理，在一個圓盤上，等分角上裝上銑刀刃，就成為銑刀，利用旋轉產生切削作用，有極高的切削效能。

　　有一句俗語為長江後浪推前浪，前浪消去了，後浪接連而至，生生不息。老師常要我們去看海浪，就有要我們去體會回替的蘊味。

　　神龍系統的道家傳統太極拳有個功法叫「替手」，祂是當對手的攻擊到你身上的要害時，而你的身體也預期來不及安全化解，這時你要先用手沾黏對方攻我之攻擊接觸點，利用身體放鬆並旋轉，讓吾手鍥入對方攻擊點與我身體受攻擊點之間，並繼續旋轉身體讓吾手替代吾身，朝離心方向轉化，如此可避免身體受到攻擊傷害，或者，即使是受到傷害，也是控管在極微小的傷害。化解危機的同時，對手已成強弩之末，且是背勢，我同時乘其背勢，以另一隻手成陽勢順勢撥之，對方極易應手而倒，這個替手亦可稱之為回替。

　　替手說起來容易，要應用到得心應手，卻有許

多方式與細節，一言難盡，讀者若有興趣，可詢作者或可詢神龍太極學會替德教練。

神龍系統的道家傳統太極拳有個功法訣竅叫「交點九宮」，交點九宮比替手更加升級。祂是當對手用拳或掌（只要不是尖銳兵器）攻擊接觸到你身上時，或是當你用拳或掌攻擊接觸到對方時，皆可用交點九宮的變化，邊化邊打，讓對方捉摸不到你的勁向而仆跌。

交點九宮需用極高的聽勁與細膩的細節，在此亦一言難盡，欲體驗的讀者可逕詢作者。

第八手：必變

詩云：八手必變須與生　　瞬息萬變調適應
　　　　變中觸動動猶靜　　萬變虛靜乃能容

必變另有一說法叫逼變，吳老師曾說：道家傳統太極拳是代代口授心傳，由於授者口音及受者的聽覺，有時會有誤差。而必變與逼變，以作者的感覺必變是自然而然，並合乎易經變易之理；逼變則有侷促窘迫之感，故作者傾向採「必變」的說法。

易有三易，變易是三易之一。易經六十四卦，討論的全部是變易，包括陰陽爻自身所處位置的變化、相鄰位置的變化、相對位置的變化，以及卦間的變化……，等等。代表世間萬事萬物是無常的，

無時無刻不在變化。

在前面「短妙」裡已提及，吳老師曾說：武術高手約每0.3秒出拳一次，武者出拳必定是瞄準對手要害，太極拳者必須走化這些被攻擊的要點，而要化解這攻擊，太極拳接點的變化要遠快於0.3秒，而且最好是變得恰到好處、無跡無象。《道德經》有謂「直有窮，曲無盡」，因此欲變得恰到好處，須以曲線的方式走化。

「變」不是亂變，它涵蓋了兩個基本要素，就是身體活動機能（牽涉運動神經）和知覺的作用（牽涉感覺神經）。活動機能包括身體能放鬆與靈活；知覺的作用就是聽勁與懂勁。

既曰變，就必然與不變相關，太極拳的不變，就可稱為中定。據鄭師爺的說法：「定無常定，不失中定，方為中定。」有形的中定也是不斷生滅變化的，須由無形的「心」的中定以調整補捉。鄭師爺云：「以心行氣，以氣運身，運而後動。」十三勢歌云：「靜中觸動，動猶靜。」可知變動是心所引生，也是由寂靜所生。吳老師說：「形不動氣動，氣動形隨。」亦可知，變動須有氣的前導。

太極拳變的功效不只是走化攻擊，它同時也是打人的，亦即「化即是打，打即是化」，化打同時存在。唯有圓，才能同時存在化與打，化打合一。

【註】本文是作者根據2017年發表於《原

幾》01期的左家八首詩，延伸而寫就。文中的詩是早期隨興而作，不合體裁之處，還望識者不吝斧正。

參拾貳

太極拳勁法之秘

一、前言

歷來，太極拳的習練者，其拳式進展到有少許熟練後，總熱切想早點習得真功夫，而他們的認知是能發勁就是會太極拳真功夫，並認為推手就是學習真功夫的階梯。因此，他們漸漸對拳架或基本功法失去鑽研的熱心與耐心，對推手則趨之若鶩，然而卻由於對太極拳理的體會不足，或對太極拳的基本動作未達精熟程度，或對內家氣的涵養也不足，貿然勤練推手發勁，就誤入了力大勝力小的鬥牛情境中，而離太極拳之本旨越遠，惜哉！令人浩嘆也！。

太極拳祖先前輩對太極拳勁法留下許多寶貴的論述與口訣，例如：

《張三丰太極拳論》：「其根在腳，發於腿，

主宰於腰，而行於手指。」

《王宗岳太極拳補論》：「一羽不能加，蠅蟲不能落，由著熟而漸悟懂勁，由懂勁而階及神明」；「須知陰陽相濟，方為懂勁，懂勁後，愈練愈精，默識揣摩，漸至從心所欲，本是捨己從人，多誤捨近求遠。」

鄭師爺《曼髯三論》：「余旋得山西左祖師萊蓬之秘曰：『力由於骨，勁由於筋』，乃恍然大悟。」

《鄭子太極拳十三篇》：於（別程序第十一）分太極拳為三階九級，其中第一階為舒筋法；第二階為行氣法；第三階則為勁法，勁法又分為聽勁、懂勁及階及神明三級。

其他各種論述甚多，限於篇幅，不及一一詳載。然而內家勁法甚為深奧，習者即使遍覽所有論述，仍將有迷惘之嘆，因此，作者興起以自身體悟及以現代人的眼光與知識，並以較易懂的語彙，試圖闡釋勁法的奧妙，若讀者因而受益，則幸甚也！

本文以闡釋太極拳的勁法為主軸，至於力方面只做簡要的論述，以作為與勁的對照之用。對力的相關資訊有興趣的讀者，如若因本文論述過於簡略而感到不足，筆者在此表達歉意。

二、勁與力的區別

在鄭師爺《曼髯三論》及《鄭子太極拳十三篇》皆有言及「力由於骨，勁由於筋」，所以非常清楚勁與力的區別在力由於骨，勁由於筋。但為什麼力由於骨，勁由於筋？力如何從骨出？勁如何從筋出？相信大多數人都會感到迷惑的。

（一）、力由於骨

在一般武術裡有一句用勁（其實就是這裡所稱的力）的名言，就是「尾閭提，百骸一」，百骸係指身體裡所有的骨頭，骨頭是身體裡最堅硬的器官，是身體裡主結構物，身體裡有兩百多塊不同形狀的骨頭。一般武術家在打人時，用大力繃緊肌肉，從而把所有的骨頭緊結，好像變成一塊骨頭，再把全身的力量集中在這整塊骨頭，試圖以最大、最剛猛的力量擊人，因為力量是整合在骨骸，故稱做力由於骨。

力由於骨係將諸多骨頭結緊，其實結緊骨頭亦係筋的作用，只是因為骨節結緊後，以骨頭直接的推擠，顯現出剛強的力量，然而雖有大力，卻失去靈活性，其力量的傳導性類似木棍，木棍剛硬卻易折。

（二）、何以勁由於筋？及勁的內涵

鄭師爺說：「勁由於筋。」這是勁與筋相關的

第一線索。何謂筋？以狹義來說就是筋膜。

以維基百科的詮釋：「筋膜是貫串身體的一層緻密結蒂組織，它包繞著肌肉、肌群、血管、神經。筋膜有好幾層，分別叫做淺筋膜，深筋膜與內臟筋膜，它們延綿不斷貫穿身體上下。筋膜包含緊密規則排列的膠原纖維，膠原纖維的方向是順著拉力的方向，所以筋膜具有很強的單向抗拉性能。一般認為筋膜是被動傳導機械張力的結構，有些研究提示筋膜可以獨力收縮^(註1)，故能影響肌肉的力學性能，筋膜還可以減少肌肉的摩擦，允許肌肉與肌肉之間相互滑行。^(註2)」

以太極拳運動功能結構及同是結蒂組織來說，筆者認為筋還有廣義的解讀：亦即，筋涵蓋了筋膜、肌腱與韌帶，此三者都是結蒂組織，並且是膠原蛋白組織。筋膜是緻密結蒂組織，主要是連接肌

【註1】 筋膜不會獨立伸張，肌肉韌帶亦同，當主縮肌縮收時，另一側擷抗肌相對鬆開，但仍維持適當的收收使之與主縮肌擷抗，使主縮肌力略大於擷抗肌力，並且相關的穩定肌與協同肌共同協調作用，而產生骨骼關節的屈伸作用。當主縮肌力等於擷抗肌力，骨骼關節處於停止狀態。

【註2】 筆者認為筋膜亦允許肌肉與皮膚之間相互滑行，這點和黏勁相關。老師說：搭手接觸對方要如冬天的衣服，夏天的皮毛，就是要利用這個作用。

肉與肌肉；腱類是堅韌的結蒂組織，通常連接肌肉與骨頭，與肌肉一起產生作用；韌帶是單數、可彎曲的彈性結蒂組織，它或附著於骨的表面或與關節囊的外層融合，是連結骨與骨，以加強關節的穩固性。另外韌帶還支持內臟，使內臟固定於正常位置或限制內臟的活動範圍。

脊椎是人體的主要支撐結構，它是由眾多的脊椎骨及椎間盤組成，藉由數條韌帶連接一起，包括1.前縱韌帶；2.後縱韌帶；3.黃韌帶；4.上脊韌帶；5.橫密間韌帶；6.椎間韌帶；7.小面關節韌帶。這些韌帶與髂肌、腰大肌、腰小肌、背肌、菱形肌、背闊肌、肩胛提肌、斜方肌等之肌腱與筋膜，並與神經共同支配脊椎的結構與運動功能作用，產生所謂的脊力。

勁由於筋是要求，在氣遍周身的狀態下，將全身骨節鬆脫，鬆脫之骨節間隙注之以氣，且部分氣會凝結成黏液，除潤滑骨節外，亦使力量之傳導純粹從筋，包含筋膜、韌帶、肌腱三者協同肌肉傳導，顯現出來的是柔韌的特性，如同鞭子一般，其性雖柔，卻能傳導極大的力量而不折。如同灌滿氣的輪胎或灌滿水的消防水帶。

通常運動時，控制筋的作用是以意來主控神經的作用，從而控制各種不同的筋膜、韌帶、肌腱群的收縮而達成所欲求的運動作用。

太極拳是氣功拳，除了上述神經傳導作用外，它尚十分關注並具有內氣的作用。此現象在拳經拳論及先輩大師的論述中都有相關的論述，舉例並加註解如下：

《張三丰太極拳論》：「**氣宜鼓盪，神宜內斂**」；「**由腳而腿而腰，總需完整一氣**」。意為氣遍佈周身後由鼓盪產生的波，能帶動全身從最下面的湧泉到接觸點，完整一氣的一動全動。

《王宗岳太極拳補論》：「**虛靈頂勁，氣沉丹田。**」意為下行實腳湧泉的氣藉地力，以無形波動的方式同時上傳頂心（虛空靈動，無形無象亦可稱為清氣），與清虛的天氣接榫，形成一絲似有若無的中脈；丹田為無形氣的中心，故宜氣沉丹田，相守於丹田，而丹田所處位置為小腹，屬水，其上的腎臟是水臟，亦是藏精之所，心屬君火。氣沉丹田，心氣相守於丹田，可收煉精化氣及水火既濟之功。

《十三勢行功心解》：「**以心行氣，務令沉著，乃能收斂入骨。以氣運身，務令順遂，乃能便利從心**」；「**行氣如九曲珠，無往不利**」；「**氣以直養而無害，勁以曲蓄而有餘**」；「**牽動往來氣貼背，而斂入脊骨**」。

意為心生，心是人體的主人翁，故係以心來行氣，但這心是要非常沉靜虛極及蘊住的，不可有些

許的浮動，才能達到煉精化氣、氣斂入骨之功；當行氣運身，需順遂的穿入周身筋膜，而無任何阻滯，有如莊子苞丁解牛說的以無厚入有間，如此達成氣遍周身，便可周身一氣，身隨氣使，氣隨心使，毫無阻滯；身體有無數的骨節，有更多的筋膜、肌腱與韌帶，氣在其間通行，就像九曲珠穿行一般，甚至也許更複雜，要能便利從心，無往不利；氣需要持續不斷涵養，不要放縱它，戕害它，更要心與氣相守於丹田，須臾不離。

勁既然是由筋膜內貫串為一體的氣所產生，勁所產生的能量應與氣的深度或厚度有關，從湧泉到接觸點經過無數的筋膜、肌腱與韌帶，其間的運行曲曲折折，其所積累的氣的厚度，不知凡幾，只要有效運用其深厚的蓄能，用勁必然能輕鬆有餘的達成；牽動往來氣貼背解釋如同以心行氣及以氣運身，不再贅述。

《十三勢歌》：「**氣遍周身不少滯，……腹內鬆盡氣騰然，……意氣君來骨肉臣**」。

氣遍周身不少滯，於前有說明，不再贅述；腹內鬆盡氣騰然，是五臟六腑盡皆能鬆盡、鬆透，則氣能騰然，騰然喻行之速也！五臟六腑亦皆有筋膜包裹，此些筋膜充氣與全身形成一連貫氣囊，透過氣的波動，其傳動能量之速度極快，比用意識來行氣還快，幾乎是全身整體同動。

在此，筆者要釐清一個用勁時氣行的概念，即是用勁前，需已然氣遍周身，用勁時要如吳老師曾說的，從起點湧泉到終點的接觸點，是一體同動，如同房子內水路，從水塔經管路到水龍頭皆已充滿水，用時水龍頭一開，水立即流出來，管內水也同步流動。而非從水塔流進水管內繞行良久，再從水龍頭流出來。前者快速如騰然，後者緩不濟急；意即心思也，心是屬君火，骨肉即有形的身體，如臣僚，以心行氣，氣動形體隨之動，這是太極拳運動的模式。

《體用歌》：「**妙在二氣分陰陽，……體用相兼豈有他，浩然氣能行乎手**」。

所謂陰陽二氣即《黃帝內經》所說的營衛之氣，營氣屬陰，衛氣屬陽，陰陽二氣運用之妙在於「分」字。分不是分開，而是分辨，能分辨陰陽二氣之變化，並加以運用，庶幾能聽勁，懂勁矣！在太極拳來說，浩然氣即全身筋膜充盈且貫串為一體的氣。

《黃帝內經》云：「**營行脈中，衛行脈外**」。

營是指營氣，亦即血氣，屬陰。衛是指衛氣，屬陽。營行脈中（血脈之中）易於理解，衛行脈外則較難理解。脈外指血脈之外，究竟在何處呢？古今典籍均未見詳細說明，而成千古之謎。雖有奇經八脈之說，但奇經八脈究竟是脈中或脈外？

　　吳老師所傳檀香丹功之敲還魂有謂：檀香棒輕輕敲擊還魂穴，以震字訣，震開皮膜，並藉檀香木氣補身體五行之木氣。老師親授時曾說此皮膜是如五花肉，皮與肉連、肉與肉連及包覆臟腑之包膜，鬆開之後可以充氣、可以行氣，充氣之後可以增加彈力及耐擊力，且當全身如同充滿氣的氣球，能一動全動，增強聽勁的靈敏度。由老師的說法推敲，這皮膜無疑便是全身的筋膜，這皮膜內的氣無疑就是黃帝內經所指，行於脈外的衛氣（防衛身體之氣）。千古之謎於焉揭曉。

三、勁與力之生成與應用

　　在以上勁與力之區別裡所述的都是個體本身的勁與力，可做為習練者較清楚分辨出是用力或者是用勁，以及了解勁由於筋的由來，使自己的習練之路較不易走錯路。然而這些體認就聽勁、懂勁、接勁、發勁來說還是不夠的。太極拳是武術，其勝負除自己的功力外，還牽涉到對手的虛實及當下的環境狀態。兵法有云：知己知彼，百戰百勝。充實自己與了解自己，是問己與知己的功夫。在知己的功夫的基礎上，還須對太極拳理的深度體悟，與對聽勁、懂勁的體驗積累，以及對萬事萬物的觀察，來增進知彼的能耐。

（一）、力之生成與應用

力量也就是體力，一般武術是著重鍛鍊體力及動作速度的訓練，並以強健體力的基礎上學習招式運用的攻守技巧，因此一般武術習練有成者，其外觀，全身肌肉明顯粗大。臨敵以快、狠、準為攻擊之鑰，並以穩固的步伐、穩定的心緒，及堅忍的耐力以增進持久力。

在體能鍛鍊方面，有負重、拍打、站樁、騰跳、擊刺等，也有些有配合呼吸、住氣、運氣等所謂硬氣功方面的訓練，但這些氣功旨是在強化氣力方面的輔佐；在招式運用方面，各家有各家的著重處，不外乎節、拿、抓、閉、衝、點、刺、擘、摔、踢、掃、等，各種以招制招的技巧，但其本質仍不脫離以力大勝力小，以快勝慢的格局。這在《王宗岳太極拳補論》已有述及，且認為是非關學力而有為，亦即不是學習而能的太極拳。

（二）、勁之生成與應用

太極拳勁法奧妙無比，可說是結合數千年文化的結晶，窮個人短短數十年之勉力學習，亦難窺其全貌，古之習者倡所謂財、侶、法、地的條件，至今仍然適用。其中之「法」至為重要，涵蓋明師指點、拳理拳法的充實與正確體悟、知識見識的旁通與增進。有關太極拳勁的生成與應用在《張三丰太極拳論》、《王宗岳太極拳補論》、《十三勢行功心

解》、《十三勢歌》、《體用歌》，及吳老師日常的教導中，都有精闢的論述。

本文擬從體用及知己知彼的角度，剖析相關拳理，期嘗試做較深入的闡釋。

1. 美人手——鄭師爺的真知灼見：

看似平凡無奇，其實是暗含著生理學的學理、鬆的哲理與黏的原理。美人手是指腕關節及掌骨關節與指關節俱要鬆開，使腕關到指尖呈似直非直，腕背帶點美麗弧形，此時，其各部關節的主縮肌與擷抗肌都呈最小應力狀態，此狀態的特點及功能有：

(1) 關節近似中正，不偏不倚，主縮肌與擷抗肌如天平之平衡，有中定之作用，促進聽勁與懂勁。

(2) 關節鬆脫，骨隙注之以氣，於活動時關節兩端的骨頭不會直接接觸摩擦，起保護作用。

(3) 關節鬆脫，僅以韌帶，筋膜，肌腱連結，韌帶，筋膜，肌腱是在放鬆舒張的狀態，此即氣行最暢通的狀態，行氣鼓盪了該關節的相關韌帶，筋膜，肌腱，並同步與全身一體之氣連結，太極勁因此而連通。

(4) 韌帶，筋膜，肌肉放鬆，氣行血行，氣血所挾帶的營養物質可直通手的末梢，增進血流的循環功能。且關節外面的皮膚皺褶最小、最為平滑美

觀，此即美人手名稱的由來。

（5）以小喻大，以舒腕的美人手為始，進而全身關節亦相同此理，則不僅太極勁可以生發，健康的促進，亦順帶而得。

2. 行氣與氣到：

鄭師爺曾說：「太極拳37式，行氣而已；太極拳發勁應用，氣到而已。」在前段「勁由於筋」裡，已說明了由於筋膜的鬆開，以致內氣有了暢通的通路而氣遍周身，從而生出完整一氣的內勁。太極的拳架及部分功法，即為了鬆開全身筋膜，打通氣的通路，使氣遍周身為主要目的。至於發勁應用，氣到而已的「氣到」二字，簡單來說是指內氣暢行所挾帶的勁，透過接觸點傳達到對方。

然而細究之，「氣到」二字不只於此，內氣必須穿透對方中軸到達遠方形成一線之勁，這內氣在己方體內如行九曲珠的完整一氣，如何輕觸彼身而黏住彼身？又如何能尋得彼中軸而穿透之？這完整一氣又如何能不丟、不頂、不斷、不抗？知曉這些，就是所謂聽勁，若進而能善用這些聽勁，就是懂勁。

知曉自己體內行氣及行動準確狀況，是知己功夫；知曉借用天地及其他外部能量，及探清對方體內的虛實狀況而拔其根摧毀之，則為知彼的功夫。

氣的迴旋內斂是知己知彼的橋樑之一，透過細

微迴旋內斂，使己方鼓盪之氣得到回饋，對方的虛實、輕重、緩速、順逆得而知之。另一知己知彼的橋樑是「黏」，黏是輕黏彼方皮毛，從而接楯己彼，皮膚之下有筋膜，此筋膜又貫通全身並與肌骨連結，筋膜有滑動作用，所謂的交點九宮與九宮移位，與此相關。

用勁時，是利用筋膜有滑動作用，黏連皮膚不變，由膚下的接點變化，而能隨對方的虛實變化而綁住對方，並維持完整一氣而得機得勢發送之。

3. 吞天之氣，接地之力，借天地萬物之能量：

老師引述鄭師爺的話說：用自己的力量打人是傻瓜，要不用己力能夠打人，還要能克敵致勝，第一重要的是向天老爺借氣及向地藏王借力，借得到與否？端看自己有否具有足夠的誠心與毅力。

本門相傳的純道家功法，就是練得吞天之氣、接地之力的終南捷徑，只要我們誠心向學，認真體會，虛心遵行道家的「為學日益與為道日損」的哲理，所謂心誠則靈，天老爺和地藏王都會同意借用的。至於吞天之氣，接地之力的細節，藏在許多老師傳授的功法裡（例如：養丹、小乘法、大乘法、彙簍功、九轉玄功等），就請誠心的從小乘法開始尋找吧！

4. 牽動四兩撥千斤，借彼力：

除了吞天之氣，接地之力外，老師還引述鄭師

爺的話說：要牽動四兩撥千斤，要借用對方的力量。牽動四兩撥千斤之語源於《打手歌》，其義鄭師爺在《鄭子太極拳十三篇》之述口訣十二，已釋之甚詳，讀者可自行參讀，在此不在贅述。至於借用對方的力量，其語甚簡，其理卻甚玄。

「兩力相搏，力大者勝」，是常人的認知，力小勝力大是反常人之能，唯有借用對方的力量，彼消己長，方能以力小勝力大。雖然，如能「勁由於筋，氣遍周身，氣能鼓盪，由腳而腿而腰完整一氣」，已得發勁之契機。但如不能借用對方的力量，面對體型、體重遠大於己的對手，還是會有膽怯吧！

如何借對方的力量？在《鄭子太極拳十三篇》之勁與物理第七，有精闢論述，請讀者詳參。筆者僅於此引申一物，俾讀者易於理解。相信大家有見識過公園的旋轉門，其中心門柱外圓周約五等分各焊有把手，把手與把手的空間容人順勢進出。當遊園者欲進入園時，進入兩把手間，推動前面把手，此把手不受而退轉，帶動全部把手同動，遊園者必須跟著並順著前進，否則後面的把手將從後朝遊園者擊來。這旋轉門就是借遊園者之力而還之。若門軸越輕靈，阻力越小，還擊之力也越大。

此旋轉門實已含中定、輕靈、不受、圓轉及借力使力之太極之理於其間，希讀者細心悟之。

5. 得機得勢，空間時間搭配，掌控發勁時機：

《張三丰太極拳論》有段：由腳而腿而腰，總須完整一氣，向前退後，乃能得機得勢。所謂得機得勢，除了對陣者的相互空間之變化外，時間是不可或缺的因素。而所謂時間，是指每一動作的應變時間，吳老師曾說，一個拳擊高手，這時間大約0.2秒到0.3秒，雖然很快，但其速度仍無法滿足太極拳得機得勢的需要。

太極拳要用「完整一氣」，完整一氣是一動無有不動，幾乎沒有時間差。也就是全身筋膜已積滿氣，連貫成氣遍周身，全身宛如一氣囊，觸動其一點，則整個氣囊的氣是同時波動的，氣動形隨。時間準點了，空間時間準確搭配，方能掌控發勁時機。

6. 不可忽略的「著熟」：

在《王宗岳太極拳補論》有段：由著熟而漸悟懂勁，由懂勁而階及神明。可見著熟是懂勁與階及神明的基石。何謂「著」？就是所有拳架招式及功法的動作以及推手的動作皆屬之。因此，著熟就是所有的有形動作，都要演練到正確與純熟。

吳老師曾說：「太極拳動作要練熟到成為自然反應的習慣。」而吳老師又曾說：「有形的動作拆解至最後，剩移位與換形」。因此，移位與換形更是著熟的基石。很多同道雖熟知發勁的方法與技

巧，但一經發勁，其動作的缺點卻暴露無遺，此乃移位與換形的基礎功夫未完成也。

所有拳架及功法的動作，以及推手的動作，有許多不同模式的移位、換形，可構成太極拳的硬體；所有道家內功所修練的精、氣、神的運用，可視之為軟體。在相容硬體的平台上，軟體才能通暢運用。硬體的進步可促進軟體的功能，軟體的不斷開發應用亦可增進硬體的完善。這和現代資訊的原理是相通的。

移位、換形看似簡單，嬰孩學會走路後，就能移位、換形；但能作為太極拳勁法應用的移位、換形，其實是非常精微深奧的功夫。

簡單來說，移位是兩腳虛實的交替，其樞鈕在尾閭，其形體要求是鬆、平整、均勻、中正安舒，其內在是行氣自然、運而後動；換形是內氣帶動身體的旋轉，其樞鈕在中脈，其形體要求是鬆、中定、圓活、旋、虛實分清，其內在仍是行氣自然、運而後動。此外，兩者都要求一動無有不動，一靜無有不靜，全身完整一氣。

四、結語

學太極拳時，老師常講要鬆，要虛實分清、虛靈頂勁；於練太極拳內功時，老師要我們首先要虛極靜篤：練發勁時，要求我們要輕，不要用力。然

而我們從小到大，所有教科書或師長，都要我們務實不要務虛，即所謂：君子務實，小人務虛。

務實與務虛是兩種全然不同的觀念，太極拳要我們要鬆、要輕、要虛靈頂勁、要虛極靜篤、要不用力。這都是務虛，這全然和我們的受的教育與生活習慣相反。

老師常說，他的太極拳得一「反」字。老子《道德經》云：反者道之動。可見，如要學好太極拳要用反，首先要改習慣，否則，如果固執舊習，一味主動攻擊，運用己力打人，拳理拳法懂得再多，恐也無能氣遍周身，無能借對手之力，更無能借天地之力，而無濟於太極拳的進步。

五、後語

走筆至此，筆者剖肚刮腸，已然精疲力盡，但猶有一語，如鯁在喉，不得不說。漢文字語言是很有深意的，即使語言文字表現得再清楚，聽者、讀者是否能洞悉得真意？仍然成謎。

有關太極拳的書，吳老師寫了二十幾本，猶常有不知如何清楚傳達之苦。有關太極拳的拳論、歌、訣也至少流傳百餘年，皆是經典之作，但真正明白有幾人？誤解者何其多？率爾望字生義是誤解文意的要因。

常有同道問筆者說：在《十三勢行功心解》明

明說：全身意在精神，不在氣，在氣則滯，為何你們成天一直在強調氣？

又問《十三勢歌》明明說：屈伸開合聽自由，為何你們成天一直在強調不動手？如果要向他們解釋，真是對牛談琴。但仔細想，這是對文字誤解的最好範例，所以在此加以剖析。

「**全身意在精神，不在氣，在氣則滯**」的重點，在於一個「在」字，在是存在，是有，是固著。太極拳崇黃老之術，重在無為，亦如吳師常說的：似有若無。如固著於「在」即是固著於「有」，即失行氣之自然。亦即若執意氣在某處，氣即將滯在某處。且《十三勢行功心解》幾乎通篇都在講行氣，如：以心行氣、以氣運身、行氣如九曲珠、牽動往來氣貼背⋯⋯等等，怎可忽視氣的作用？

「**屈伸開合聽自由**」的關鍵，在於一個「由」字，由是由來，亦是源頭，也就是屈伸開合須聽由源頭來決定，這源頭在《十三勢歌》前面已清楚寫明：「命意源頭在腰際，變轉虛實須留意，氣遍身軀不少滯，動中觸動動猶靜，因敵變化示神奇」及「刻刻留心在腰間，腹內鬆淨氣騰然，尾閭中正神貫頂，滿身輕利頂頭懸」，並要讀者仔細留心推求，才能屈伸開合聽自由，因此自由不是任意，更不是隨便。

雖然要求很多，但重點源頭在腰際或腰間，腰際或腰間是指下丹田，也是存心氣的所在，心氣是君火之氣，故由心氣來主導屈伸開合。

參拾參

曼髯三論藏太極拳之秘

一、前言

《曼髯三論》是論詩書畫的寶典，但若說《曼髯三論》是太極拳秘笈，則很難令人相信。早期，先師吳國忠老師與同門語及《曼髯三論》藏有太極拳之秘，同門率多不信。

神龍道場開幕當天，邀請沈伯賢師叔前來演講，沈師叔即提及吳國忠老師曾告訴他：《曼髯三論》藏有太極拳之秘。沈師叔之後反覆的看了《曼髯三論》多遍，就是沒有發現，後來質問吳老師，吳老師幫他指出了多處，沈師叔才終於相信。

先師吳國忠常囑生徒，要多往曼髯三論探討太極拳拳理，祂究竟與太極拳有何關聯？經細心研讀，以吾近半甲子得自吳師教導心得，並與各篇太極拳拳論，及鄭師爺手著《鄭子太極拳十三篇》，以及其他太極拳著作，相互參證之下，豁然發現

《曼髯三論》確實乃太極拳秘笈也！

詩書畫是門精深的藝術，流傳中土數千年，《曼髯三論》論述之閎亦縱橫數千年，此皆中華所特有之文化菁華。崇黃老學術並以易經之理為理的太極拳，亦採中華文化之菁華，故以中華學術文化之角度剖析，則論詩書畫亦如同論太極拳，字字珠璣。本篇謹從個人所能，取其簡明易辨者試解之。本人對詩畫無甚涉獵，對書法雖習數載，並無所成，因此疏漏難免，冀識者指正。

當人在大樹林裡行走，眼中只能看到形形色色的樹木，無法看到整個森林，必須高於樹頂四望，才能看出天光及森林形狀，也許有山谷、山峰、山稜、小溪……，或林外的村莊。

《曼髯三論》一書，宛如詩書畫的森林，在這林子裡有的是詩書畫，若要在這林子裡發掘別的東西，必須跳出林木的高度。因此，本人試圖跳出詩書畫的窠臼，以太極拳理探討，不知是否適當，還望識者斧正。

本篇為求有順序、有系統討論，採用《曼髯三論》的目錄順序探討。

二、自序中所藏玄機

從〈自序〉篇所發掘的三處，與太極拳息息相關。

（一）「詩求辭達而言訒，寫性以見志，反此則失其自然，有作意者便失其真。」

辭達為辭意與辭氣暢達無礙，言訒為言不苟發，此係作詩所最重視的。太極拳拳架，行氣而已；太極拳發勁，氣到而已。而太極拳亦講究聽勁、懂勁與發勁時機。

因此，太極拳不論蓄勁與發勁，惟需行氣周身順暢無礙，以聽勁、懂勁尋覓發勁時機，未得機得勢前不苟發，一旦發勁時機霎那，即勁隨氣出破敵勝敵通達無礙。

太極拳的修習需如理如法，更要以太極之心志為心志，精熟這些理法，成為自己的自然習性，這就是認真的「真」。如意想天開，作意他求便是失真。

（二）「吾論書，不過謂橫直猶梁棟、藏頭護尾取中鋒耳。此外，如左右相顧，上下相隨，猶兄視弟，弟之隨兄。總其篇章，只要不逾規矩，得行氣之自然而已。」

太極宗師五絕老人鄭曼青，論書最重視橫平豎直，與藏頭護尾取中鋒，而左右相顧，上下相隨，猶兄視弟，弟之隨兄則是書法布局的要點。而鄭宗師的詩、書、畫與太極拳均強調行氣，且要求行氣的自然。先師吳國忠教導弟子，耳提面命平整均勻，更言：一橫一豎，天下無敵。平整均勻也就是

橫平豎直。

太極拳拳法的「將欲取之，必先予之」或「將欲歙之，必先張之」，近似於藏頭護尾取中鋒。

張三丰祖師太極拳論有謂：「其根在腳，發於腿，主宰於腰，行於手指，由腳而腿而腰，總需完整一氣……」。而「左右相顧，上下相隨，猶兄視弟，弟之隨兄」是全身完整一氣的一部分，必須巧為布局，隨時留意，並配合以心行氣，以氣運身，氣行體行，如理如法，不脫規矩，最後成為自然習慣。

（三）「神行形活，意到筆隨，形之與神，猶小人之與君子，無小人何以養君子，是以謂形具而後神著也。」

神為內炁之精華，所謂「神帥炁，炁帥血，炁行血行」或「形不動炁動，炁動形隨」，從這層層的關係，可知形動的最上源頭是神，形活亦是隨炁血而來。意到筆隨，有如太極拳的神（炁）行形隨。在太極拳圈子裡，常有到底神氣和拳形（招式動作）孰重的爭論，在此鄭曼青大師舉書畫的例子論定為「神行形活，意到筆隨，形之與神，猶小人之與君子，無小人何以養君子，是以謂形具而後神著也」。

在此我另舉一譬喻釋之：外形動作與神氣猶如電腦之硬體與軟體，硬體是有形的物件，軟體是各

類無形的程式。須有硬體的架構，才能容入軟體以運作，沒有硬體，軟體根本無處運作。硬體不對，軟體也不能運作。沒有軟體，硬體是個空架子，毫無用處。軟體不好，硬體功能也受限。硬體與軟體須同時進步，硬體的進步，可帶動軟體功能應用的闊展；軟體功能應用的闊展，也同樣會顯出硬體的不足而加以精進，兩者需相輔相成。太極拳神炁與形何其不然，故無孰重孰輕的問題。

三、卷頭語所藏玄機

從〈卷頭語〉篇所發掘的四處，乍看和太極拳無甚相關，其實是修習太極拳者不得不知者。

（一）「朱彊屯老人於曼髯畫冊題詞曰：論畫則超以象外，不知丘壑幾許。」

太極拳是一種結合形而下之藝及形而上之道的綜合體，在形而上之道體的部分，是超以象外，是無形無象，窮一人畢生之力，都難以窮盡的大學問。詩書畫與太極拳動作皆是表現個人當下的情操與意趣，因此從作者作品中或從拳手演式中，即可觀察作者或拳手當時的情操與意趣，然而高明者，意境超脫於形象之外，讓他人無法了解有多高？或有多深？太極拳拳經有所謂「仰之則彌高，俯之則彌深，進之則愈長，退之則愈促」，及曼髯師爺所說「人不知我，我獨知人」，都須超脫於形象，始

克臻此。

（二）「『老聃曰：吾言最易知，最易行。』髯自以為然。」

道家太極拳是本於《易經》，宗法黃老學理的太極拳。《易經》對萬事萬物，以太極陰陽相生、相剋、相濟、相綜之歸納，及道家渾樸、無為而無不為的思想，源本是要使萬事萬物自然之理最易知，最易行的應用於太極拳。老子七十章有言：「吾言最易知，最易行，天下莫能知，莫能行。言有宗，事有君，夫為無知，是以不我知。知我者希，則我者貴，是以聖人被褐而懷玉……。」

曼髯師爺自比老子，三論比之於道德經，也就是說曼髯三論所談的，其實已超脫技藝的層次，而屬於道的境界。道隱於微，雖是易知易行，但最重要的要能知能行，知行合一。

（三）「昔聞曹孟德與劉玄德煮酒論心曰：『天下英雄惟使君與操耳』，此真知人知己之明，審勢當時之鑑也。」

太極拳之法有「人不知我，我獨知人」，這是黏連貼隨的極至也，也是知己與知人之功夫，知己知人必須聽勁與懂勁之感應功夫為基礎，也就是要以心如明鏡、審時度勢。

曹操能夠在戰亂之世，脫穎而出，成為中原霸主，在於具有知人之明。劉備能夠在幾乎走頭無路

時，再展雄風，成就三分天下的大業，也是在於有知人之明。曹操與劉備煮酒論心，當時雖是各懷鬼胎，但曹操能在審視當時天下大勢，及評估各路豪傑的特質時，惟獨覺得劉備在用人及對時事的敏感度方面，和自己不相上下，這表示曹操不但具知人知己之明，還能審鑑天下時勢。

太極拳的「聽勁、懂勁、階及神明」，從小方面講，是在對敵時，能藉經修養而成的優異感知與應變能力，勝敵克敵。

擴大來說，經由修養而具有的優異感知與應變能力，能比常人更具知己、知人之明，甚至及於審鑑天下時勢的能力。

（四）「權古今而衡天下，知有天大、地大、人亦大。」

老子《道德經》曰：「域中有四大，道大、天大、地大、人亦大，而人居其中，人法地、地法天、天法道、道法自然。」太極拳之道法自然之鬆淨自然、虛極靜篤與無為而無不為，是在求內在的天地人合一。而太極拳又是以中定之定力，左重則左輕，右重則右杳，有上則有下……等等，達到中正不倚，是以聽勁、懂勁為進程之階。

這就有如天秤，中定有如秤之中軸，以權衡左右之動靜與輕重，輕者可權衡一釐一毫之差別而平衡之，以此為基礎，進而可權衡古今之利弊，及權

衡天下時勢動靜緩急。

太極拳的權衡中定,是運用對陰陽、剛柔、虛實、輕重變化的獨特感知與應變能力,由於太極拳是講究周身的鬆柔及行氣的順暢,使氣血活絡,從而使全身細胞都活化,而蘊含無限的生機,因而使身體經絡、筋膜、皮膚、神經、意識等的感知能力增強。至於應變能力、是經由感知能力對天地萬物的陰陽、剛柔、虛實、輕重變化的權衡的訓練,而獲正確的增強。

陰陽、剛柔、虛實、輕重等等皆可歸納為陰陽,天地萬事萬物的興、衰、生、滅,皆和這陰陽的變化有關,且古今皆然。能夠靈敏的權衡陰陽的變化,其實也能夠增進權衡古今興、衰、生、滅的演替,及天下時勢的變化的獨特能力。古今興、衰、生、滅的演替,及天下時勢的變化,是屬於天地萬事萬物間的變化,天大、地大,故演變無窮。

人雖然無法盡知天地萬事萬物間的變化,但聖人透過權衡陰陽的變化而權衡古今興、衰、生、滅的演替,及天下時勢的變化,從而知道順應這些變化以求生存發展。

人類的永續生存發展,和天地的變化是同等的大事,人類有超乎其他物種更聰明的大腦和萬能的雙手,若不能順應天地之自然,恐將破壞整個(天地)自然生態,而終將影響人類自身的永續生存發

展。因此，除了天大、地大之外，人亦大，因為人會創造環境，也會破壞環境。

四、論詩所藏玄機

從〈詩〉篇所發掘的四處，和太極拳學習有所相關，是修習太極拳者不得不知者。

（一）啟發思慮

鄭大師曼青曾曰：太極拳是改錯拳。又曰：改錯在靜慮。孔子曰：吾日三省吾身，聞過則喜，過則勿憚改，不二過。這說明太極拳的修練和聖人的修身，道理相同。

太極拳的修練有如登攀重重山嶺，一山還比一山高。初階從攀登眼前的小山開始，所需的體力、方法、技巧較簡單，因其簡單，正可以利用為鍛鍊體力及省力行走的正確基本方法。登臨山頂之後，舉目前望，前面是較高聳的山，攀爬較為困難，攀登小山的方法已不適用，需思慮新的方法，要攀爬它，首先要下山，徹底拋棄登小山的方法，從前面的山下開始攀登。

同理，再往前攀登更高聳的山，也都是拋棄前面已不合時宜的方法，思慮改變更適宜的方法，這就是改錯的意義。但是改錯不是遺棄前面所有的經驗，而是靜慮哪些適合？哪些不適合，去蕪存菁。而這些思慮的啟發，正是之前所有練習經驗累積而

成，這和以習詩而啟發詩的更精純思慮並無二致。

（二）取法乎上

先師吳國忠老師常告訴我們：「江水滔滔，我僅取一瓢飲，但要取最甘甜純淨的水。」又說：「有人常以眼高手低批評他人，但眼界若不高，手必低，因此學太極拳要眼界放高，這就是取法乎上，僅得其中。」然而，怎知何為太極拳最上法？莫說是初學者，有些人學了一輩子太極拳都沒能找到太極拳上法。

其實，太極拳上法不難求，他存在於張三丰祖師太極拳論、王宗岳太極拳補論、十三勢行功心解、體用全歌、十三勢總歌、打手歌……等前賢的遺作裡或《易經》、《道德經》等典籍中。融通了這些上法，則天地萬物間，處處都存在上法。

（三）不畔自然

鄭大師曼青在論詩之不畔自然有曰：「予觀古之能工詩者，未有不語自心得，體物不畔乎自然，或有寄託得弦外之音者，亦不出乎是也，故我謂清者寫景物與情意，俱能微妙辭意暢達，新者能自出機杼，不遺其細微，悉能合乎自然……。」不論詩書畫，幾乎都是寫景（包含人、物、外形）開始，漸漸兼及情意，進而渾樸及於物外的弦外之音。

例如畫一匹歸途的馬，在馬腳後邊畫幾隻蝴蝶，即寓踏花歸去馬蹄香。但不論如何變化，都不

能離乎自然。

鄭大師曼青在論畫時有曰：「畫雖趣惟求新，而性尚純樸渾者，天地混一之真氣，樸者自養其內蘊之德，不待外之彫琢也！故渾樸之體大矣！以其體大，不厭其拙也！拙不求巧，巧者薄俗，正與渾樸之性相反。能渾樸者，便為率性，率性者，任真也！任真之進可逮乎自然矣！」

在太極拳，常言道法自然，此即不畔自然之意，此自然就是渾樸率性的習慣。在太極拳應用時，所有的動作、思維都要放下我執（**不待彫琢**），所有的發、化、進、退、吞、吐、黏、引，都要由平常所涵養的正確習慣，自然的因敵而變化。因此鄭大師曼青常說太極拳是改錯拳，改錯是於平日勤改不合乎太極拳的自然習慣，變成合乎太極拳的自然習慣。這又衍生「道法自然，自然不是道」的問題，不是所有的自然習慣都是好的，而是合乎太極拳的自然習慣才是好的。自然萬事萬物有美好的一面，也有醜陋的一面，不畔自然是追求美好的一面。

（四）辭達而言訒，寫性以見志，反此則失自然，有作意者便失其真。

詩言辭達，猶太極拳發勁之氣到，氣到即敵離我而仆矣！言訒係不苟言，以太極拳而言，是不苟發，亦即不輕率作動，我之動作是因敵而動；是彼

不動，己不動，彼微動，己先動；也就是得機而動，動則破敵勝敵。

詩講求寫性以見志，「性」是人心最深層之意志，必須揭開一層層虛偽遮蔽，無所造作，方能見到真性的自然本來面目，此亦即率真。

在太極拳，完全要取法於太極之真理，此真理本來面目就是自然而然、不造作，在應用的霎那，一有造作，便失太極自然之真性，難獲得太極拳之真效果。此和太極拳打手歌訣，有所謂「掤攦擠按須認真」裡的「認真」兩字，兩者意義相同。

五、論書所藏玄機

(一)用筆在心，心正則筆正

太極拳講究「一橫一豎，平正均勻」；太極拳要求「以心行氣，以氣運身，運而後動，一動無有不動」，已全然呼應此「用筆在心，心正則筆正」。

(二)以往，現在，將來一都要崇正法

曼髯書論一開始即把「以往，現在，將來」，擺在前三篇論述，意謂傳承要得正法；當下仍要依從以往之真善；將來亦不能偏離真善之法。太極拳何嘗不是如此，許多太極拳習者，開始也不知有何善法，胡亂找各班次就學習。繼而，不管學的是善法或惡法，見異思遷，今天學甲派，明天學乙派，

後天又接著去學格鬥摔角。美其名曰學遍眾家武術，進而謂得眾家之長。

如此把諸多糟糠雜混一起，仍是不得白米的，還是要回歸遵從正法。古時候，資訊不發達，加之，正法不輕傳，各門派敝帚自珍，因此正法難求。如今資訊發達，正法應可隨處可尋，然而太多資訊反而眼花撩亂，分辨不出何正何非。

所以我說：要習太極拳，不管你是在何處何派學習，必定要研讀《張三丰太極拳論》、《王宗岳太極拳補論》、《十三勢行功心解》、《體用全歌》等太極拳正統理論的文章，行有餘力再涉獵《易經》、《中庸》、《內經》、與《道德經》等古籍文獻，以端正自己的太極拳思路。如覺得所習太極拳有違這些經論，奉勸各位早日毅然另投明師，以免「力學垂死終無補」。

書論筆畫之八正法有：側、勒、弩、趯、策、掠、啄、磔；拳論勁法有掤、攦、擠、按、採、挒、肘、靠。每一法都有其實施的要點，也都有其精妙的用處。在太極拳其用處即是「體用相兼豈有他，浩然炁能行乎手」，出手能涵攝浩然之炁，何愁強敵在前也！

筆者認為：筆法中亦有足為太極拳借鏡者，如：「藏頭護尾取中鋒」，太極拳「足欲向前先挫後」「人不知我，我獨知人」，是藏頭護尾的體

現；「蓄勁如張弓，發勁如放箭」「勁走一條線」
「湧泉、尾閭、丹田、夾脊，完整一氣」，是取中
鋒的展現。

（三）不可欲速，欲速則不達，少則得，多則惑

曼髯書論將來篇曰，不可欲速，欲速則不達，
譬如說一畫，三年始得其平，是最便宜而可從者；
少則得，多則惑，譬如永字八法，乃書法之範圍
也，而筆勢亦已在焉！倘費百日之功而學一法，八
法不過八百日，何其易也、簡也。

「少則得，多則惑」一語出自《道德經》第二
十二章，是謂做學問不可貪多，從每個小地方，
把學問徹底深入學習參透，才漸次一點一滴的擴
大範圍。亦猶如蓋高樓，必須把地基蓋得深入精實
穩固，才能一層一層往上蓋，如果地基及底層沒穩
固即想求速，此樓終要坍塌，欲速則不達，蓋不起
來。

書法是如此，拳法亦是如此，太極拳歸納起來
十三勢而已，若每一勢誓以百日來精進，則十三勢
可在三年多裡完成相當深入的基礎，再加一倍的時
間完成每勢行氣的配合，則持續七年，約可確實得
到太極拳之小成。

若以三十七式太極拳三百多個動作計算，從預
備起式開始，每個動作徹底的熟練與參透，平均每
個動作以一週時間完成，則三百多個動作也僅需六

到七年就可達到相當水準。

當然，若要出神入化，階及神明，則要在既有深入的基礎上，再長期的學習與涵養，再加上一些「為道日損」的慧根。

（四）崇正與反非

曼髯論書，於崇正法曰撥鐙法及永字八法乃書家之正法；於反非法則曰：書崇正法，自古之有隸篆，無不橫平而豎直，而無一字而不得安穩者。反此者，即使是王羲之所言的「書不貴平正安穩，用筆有偃有仰，有欹有斜，而具揚波騰氣之勢」亦是不足道也。

在太極拳亦崇平正均勻，與專氣致柔、力小勝力大。反此，則即使能力拔泰山，亦不足論。有鑑於此，先師吳國忠從師前雖武學博雜精湛，但從師後，以師授者為正法，但凡非師所授，即視為非法，摒棄而不用，終得左（道）家太極拳真傳。

（五）曼髯書論之自尊篇有云：若問自尊之訣云何？曰善養吾浩然正氣已耳。

浩然正氣語出自亞聖孟子曰：吾善養吾浩然正氣，直養而無害。氣有很多種，有中醫所說的營衛二氣、有元氣、有血氣、有米穀精氣、甚至五臟有不同的臟氣。

鄭大師歸結太極拳之氣最後是浩然正氣，這氣是配義與氣，通透筋膜，遍布全身。不只是匹夫之

勇的血氣而已。這氣除了練之外，最重要是要修、要養的，而且要持續不斷的養，小心的養，避免戕害祂。

（六）唯橫直猶楳楝，藏頭護尾取中鋒耳，在布局上，左右相顧，上下相隨，猶兄視弟，弟之隨兄也，要不逾此規矩，得行氣之自然

依鄭大師曼髯的主張，書法講究橫平豎直，就好像楳楝一般。起筆之頭要虛藏，提筆之尾也要迴護，襯托及表現中鋒端直有勁之氣。

在書法的布局上：要左右相顧盼、上下相應隨，就好像兄弟間小時候相親相隨一般的自然，這種布局上的均衡對稱，寓含宇宙間自然的陰陽相生相濟之理，是書法自然的規矩，要不踰越此規矩，才能得到自然的氣韻。

太極拳亦講究橫平豎直之節節落筍及平整勁直，楊家有所謂「一橫一豎，天下無敵」。太極勁法講究一線之勁，一線者如箭之直也，亦即從接點穿透對手重心，再到對方將被發出方向的連線，有如箭線。

勁雖然是一線，但是太極拳的動作與內氣卻講究圓柔，下手要輕、要圓轉內斂；收手也要圓轉內斂，使人看不見起點，也看不清終點，甚至起點可以成為終點，終點也可以成為起點，是使人不知我，我獨知人。圓轉內斂就有如書法的藏頭護尾，

目的在取中鋒之勁。

在太極拳的布局上，如同書法「左右相顧、上下相隨、猶兄視弟、弟之隨兄」。基本上，左右（包括前後）相顧是橫平、上下相隨是豎直，由此形成一個交叉的、對稱的、完整的立體結構。相顧是相感、相應；相隨也是相感、相應。太極動分陰陽，有互動感應就產生陰陽交變的現象。陰陽交變的結果，有相生相濟的正面效應，同時也可能有相消相剋的反面效應。

太極拳即是應用此陰陽相生、相濟、相消、相剋的效應，以克敵致勝，進而不戰而勝。張三丰太極拳論有所謂：「無使有缺陷處，無使有凹凸處，無使有斷續處，有上即有下，有前則有後，有左則有右……若意要向上，則寓下意……」等等，和書論的「左右相顧、上下相隨、猶兄視弟、弟之隨兄」，意義上異曲同工。因此「左右相顧、上下相隨、猶兄視弟、弟之隨兄」，可說是太極拳的布局上的規矩之一，但是他的目的在求陰陽互動、感應所致的相生、相濟、相消、相剋的效應。陰陽互動、感應除了是心意的作用外，其最主要的介質可能就是氣，行氣要鬆淨自然，則陰陽互動、感應更為靈敏，也就更有助於太極拳的應用。

（七）「多力豐筋」與「力由於骨，勁由於筋。」

鄭大師於《書論釋力篇》有云：「鍾繇得蔡邕

筆勢論，始知多力豐筋者勝，無力無筋者病，此言才透露其祕，而鍾繇未釋其奧，故未聞有傳焉！所謂多力，誠非力也，乃勁也。同門陳孝廉微明，習太極拳數十年，力與勁，未能悉其究竟。余旋得之山西左祖師萊蓬之秘曰，力由於骨，勁由於筋，乃幌然大悟。四十年前，曾將此言，寫於鄭子太極拳十三篇內，以公諸同好，而廣其傳也。邕所謂多力豐筋者，正力由筋發者，勁也！且謂藏頭圓筆屬紙，令筆心常在點畫中行，又謂橫鱗豎勒之規，皆謂勁之所由生也，正與余所謂握管而得力者，乃即由筋之勁也，與老聃所謂筋柔握固，猶出一轍……。」

　　這段話正好把書法、太極拳藝、生理學及左家功夫，巧妙的關連一起。筋存在於：血脈外、皮下肌肉間、肌肉骨骼間、內臟外表……，形成廣大的連通網絡。

　　中醫講「營行脈中，衛行脈外」，衛行脈外即謂衛氣通行於血脈之外的廣大筋膜；筆係獸毛所團聚，性柔多筋（毛），紙亦是柔脆之物，故行筆不能真正重力行之，故，多力豐筋的多力，必非指拙力，乃係書者浩然意氣貫注於筆尖，躍然於紙上的有豐富的墨蘊變化與氣蘊；太極拳專氣致柔，而至柔需蘊載龐大能量，方能克至剛，這龐大能量是出之於筋的柔韌氣勁，非出之於骨的僵硬力。

　　書法的豐筋是藏頭護尾行中鋒的墨蘊豐富變化；太極拳勁法的豐筋是緩節筋柔中，全身筋膜共同運作的氣遍周身的能量。這種至柔克至剛的勁法之秘，鄭大師說得之於山西左祖師萊蓬。

六、論畫所藏玄機

　　（一）鄭大師於《論畫發凡篇》之結構與意境有云：「結構第一步難得密，密處不可板滯，板者平板，無前後、上下、內外、深淺、遠近之層次；滯者，窒滯無空間、無氣脈、無生機。然密固難，鬆亦非易，鬆者易散漫無歸。古人有謂：密處不容一髮，寬處可使走馬，此專指行氣而言。不容一髮言其氣之緊，可使走馬言其氣之寬，非有悟性不易到也！」

　　此論畫的結構與意境，雖言首要為緊密，然而卻言密處不可板滯，不可板滯即是要鬆，鬆緊之間的樞機，是以行氣來拿捏，密處不容一髮，寬處可使走馬。不容一髮言其氣之緊；可使走馬言其氣之寬。以上這些描述雖是論畫，但其實亦是論太極拳的圭臬，如將這論畫的結構和鄭大師所說的平正均勻結合，則更是無懈可擊。

　　在《鄭子太極拳十三篇》述口訣第十三之十曰：搬架子要平正均勻，平正方能安舒，可支撐八面；均勻方能貫串，而無斷續處也。論畫結構的第

一步密，若與平正均勻結合，則前後、上下、內外、淺深、遠近之層次，變為更加分明而無板滯，使筋膜舒鬆，氣脈通暢，氣機生動盎然。

（二）《曼髯三論》論畫篇緒論第（一）篇〈能〉篇有言：能，事也，初學者之能事，以求準為先。先求手準，景物入於眼，便出乎手，毫釐不謬，皆得合於眼之所接者，此手準矣；一求眼準，景物之接於眼，便能別美惡，巨細不遺，此眼之察，能應於心，則眼準矣；眼固能明察，偶若無所見，病在心之粗放不在眼；眼察物未窮其輪廓條理，病在眼之未準，不能應乎心。故，手之是否已準？求剖別之者在心，心能許之，然後知眼之能合於心也！心有所得，則能應乎手，眼亦從而知之，此之謂三合。

此論作畫之心、眼、手三合。心、眼、手三者都要求準確無病。是作畫必備之能事，初學以求手準為先，最終卻以心準總領三者合而為一。雖是畫論，但以之論太極拳，不亦妙契乎！

初學太極拳，必先求手準，這裡的手準是：行拳過程中每個節點，手勢手位的準確，以及驅使手準的腳、腿、身軀、頭等全身身形、動作的準確。然而若無眼準之輔，手決難求準，故於求手準遇瓶頸時，須尋求眼之判別，此即先師吳老師所常提的「眼高，手才能高」。

　　這裡的眼準是：包含了對太極拳理的熟習、對老師動作耳濡目染、對教材的詳讀詳記、及當下意識對自己動作協調準確。所以眼準是以見識的多寡精粗為促進與評量，見識高方易眼準。而見識就為心所左右，若無心學習，自不必說眼準，用心不專亦影響眼準。心志專一，博學審問，日久見識精純，心之所向即眼之所向，身手亦隨之，此之謂太極拳的能事。

　　（三）學、識與明蔽：在論畫緒論第（三）學篇曰：破萬卷，多識前言往行以蓄德，行萬里路者，多識山川草木，民物民情以裕智，澤之以文字，而洩之以書畫，其意境之幽玄，胸懷之浩闊，自有以異於常人此之謂學。在論畫緒論第（四）識篇曰：人嫌眼高手低，其實，眼如不高，手未必有能高者。必曰：眼高而後手高，如眼高而手未能並高者，期以歲月可耳。眼高，識也，識當為一切先，先知先覺者，無非識也！此識未知從何而生，不曰誠乎！誠者，天也，天與人合，而識從生，反此即作偽。在論畫緒論第（五）明蔽曰：蔽者有所障也！不自審察，終為所蔽。何者為蔽？曰泥古、曰趨時、曰墨守師承、曰妄意造作、曰強樹門戶、曰徒務博采、曰闇於墨，曰靡於色。凡此數端，其蔽易知而易見，倘自明之，務去為易。其蔽之不易明而難去者，在細微悠忽之際，非窮力審察不得明

也，非併力痛改不得拔也……凡此諸蔽，病在傳授或無師之誤，習之已慣，縱察之能明，猶不易改也！必曰：蔽之務去，以初入手為易；蔽既成，欲改諸，非自勵不為功。

學、識與明蔽是技藝與學問學習成就的重要關聯，詩書畫是藝進於道之學，太極拳也是藝進於道之學。故學習、見識與明蔽的現象與要領大致相同。

學習方面，讀破萬卷書，以熟識往聖先賢的論述與風範，藉以蓄積自己的德性，在太極拳是必要的。現代交通及網路資訊發達，旅行變成非常輕易，即使不行萬里路也能透過網路觀察世界各地的萬事萬物，並和各地同好作各種交流，從交流中取人之長以補己之短，但學習與交流過程要有謙卑真誠的心做為學習動力。不斷的有效學習從而增長了見識，見識高了眼界也就高了，也從而開闊自己的胸懷，深化自己的意境。

太極拳先賢形容「眼為心之苗，眼為神之窗」亦即眼為個體心神探索外界事物，獲取知識的窗口，眼高才能有遠見，但有許多人能知不能行，因此有人常嫌眼高手低者。

鄭大師卻認為：眼如不高，手未必有能高，並認為：眼高，就是見識也，見識當為一切先，先知先覺者，無非見識也！但眼高（見識）要與誠字結

合，方為真實，否則就會作偽。世上偽科學、偽氣功、偽太極，屢見不鮮，其創作者，其眼不為不高，但卻少了真誠。

作偽是古今中外普遍存在的，故學者極易進入誤區而受蒙蔽，因此聖人如孔子都說，要日改其錯，而改錯必先要知錯。鄭大師曾稱太極拳是改錯拳，日改一錯，久而久之，可比聖人。知錯就是不受蒙蔽。何者最易受蒙蔽呢？鄭大師舉了八項蔽病，其中五項是和太極拳最相關的：

1. 泥古：

自楊祿禪祖師在北京首將太極拳傳揚之後，僭稱太極拳大師者多不勝數，其中良莠不齊，即使稍具有水準的，也難掩偏頗。如果不努力審明其優缺處，而一意泥古，自然受蒙蔽而終生不解。

2. 趨時：

太極拳內容，常受團體領導人的喜愛或見識而修改，或新創編教材，並加以鼓吹，而一時流行。例如台灣的六十四式及大陸的四十二式表演套路，這些套路於應用上存在許多缺點，若一味趕流行或趨炎附勢，將難以發現弊端而不求改正。

3. 墨守師承：

剛入門學習太極拳時，當聽從教練、老師的指導，無能力知道老師所教內容的正誤，長時間學習後，若仍不求多方理解拳經拳論意涵，加上觀念、

習慣已塑造養成，即使知道師傳缺失，也難求改進。又，世人好為人師者多，學拳數月半載即強作人師；沽名釣譽者亦多，網傳、廣告或相互吹捧之下遽成名師。在這種情境，墨守師承學習，真是到老一場空。

4. 妄意造作：

有些人自恃聰明，東家學一下，西家學一下，太極學了再學形意、八卦、八極、通臂。樣樣都來一點，然後便篡改太極拳，美其名謂博採各家各門精華，其實這情形就叫做妄意造作。

另外，有些門派，以商業模式推廣掛帥，弄虛弄假，自吹有隔山打牛或凌空發人神功，此一妄意造作，識者不取。

5. 強樹門戶：

這是太極拳界常見現象，從楊祖師廣傳太極拳以來，眾多從學者美其名為推廣中華太極武術，卻是各自開宗立派，風氣延續至今方興未艾。陳家溝因楊祿禪祖師曾在陳家學習過，遽稱陳氏祖先為創拳始祖，使太極拳武林爭論不休，這些強樹太極拳門戶的弊端，是阻礙太極拳進步發展的絆腳石。

除蔽去病，以越早進行越易，凡每於練拳過後，讀讀拳經、拳論、歌訣，或抽空讀讀易經之繫辭及道德經、中庸、大學等經論。對明蔽有極大幫助，若發覺蔽病已成習慣，則要下大決心自勵改

之。

　　（四）知變：在論畫緒論第（六）知變篇曰：「變有不可者三，有不可不變者三。能力未至不可變也！學識未敷不得變也！功候未到不能變也！此之謂三不可變；學於師已窮其法，不可不變也！友古人已悉其意，不得不變也！師造化已盡其理，不能不變也！此之謂不可不變者三。故才大則大變，才小則小變，不能變者，其才其學，或未得而能也。有才而不變者，余未之見也。不可變而欲變者，余未見其有成也！蟬蛻者，變也！蠶蛹而蛾者，亦變也！不以其時而變可乎？是故，非其才也，非其時也，強欲求變皆妄也！」

　　除蔽去病有求變的意義，但有些亦在求不變。在明蔽篇裡提到的諸項蔽病，泥古與墨守師承，其蔽在不知便，解方是求變；趨時與妄意造作及強樹門戶，其蔽在過度變，解方在不變。

　　鄭大師在知變篇，立下了三不可變與三可變的原則。能力未至、學識未敷、功候未到，皆不可變，以其時候未到也！此都是努力或能力尚不足也；學於師已窮其法、友古人已悉其意、師造化已盡其理，不可不變也！學於師、友古人（讀古書）、師造化（修行）三者，盡皆已窮盡其義理，精熟其動作，嫻熟其方法，可是在應用時，如仍有滯礙之處，此時就不得不尋求改變了，太極拳乃體

用之學，體雖美而無用，必得去之或改之。

七、結語

詩、書、畫是中華文化所特有的藝術文化，流傳二、三千年，太極拳發源年代雖難考，但其蘊涵濃濃的易學原理與道家致柔及無為無不為的文化，則是太極拳體用相兼的基礎，而太極拳所須習修的守丹、養丹、心齋，則是性命雙修之學，雖曰來自道家丹士，卻也是古時許多士人所持修。因此，太極拳是遊於藝進於道之中華文化瑰寶。

鄭大師詩、書、畫三論所論述的許多方法與素養，與太極拳習習相關，非本篇所能盡釋。曼髯三論是太極拳的寶山，希太極拳所有同好共同挖掘。

鄭宗師曼青生平簡介

　　宗師鄭曼青先生浙江永嘉人氏，民國紀元前十年農曆六月二十五日出生，逝世於民國六十四年三月十四日，享年七十五歲。

　　鄭宗師幼年家境清貧，賴母親張太夫人授以詩書，因智質超人，過目成誦，十歲從拔貢汪香禪學畫，十四歲時，師母命其畫滕花，竟寓南田、新羅之意，師喜而為訂紫滕花館潤例，自是鬻畫養家，並有餘資蒐集任伯年，趙撝叔諸家畫軸。

　　復得姨母張光紅微老人之指引，藝事大進，十五歲由詩翁魯勝北介紹，赴杭州，與當地名士沈寐

叟、馬一浮、經子淵、樓辛壺、王潛樓等結交，相
與研論詩書畫。

十八歲入北京，因在報上與名士羅復堪、羅癭
公昆仲以詩唱和，交成莫逆，遂膺郁文大學之聘，
授詩學。同時參加中國畫學會，由是得交陳師曾、
凌直支、姚茫父、齊白石、陳半丁等詩書畫名家，
相互切磋，藝文大進；乃獲蔡元培先生之讚賞，薦
與上海國立暨南大學授課，其時吳昌碩、朱啟鈐在
滬濱執藝文牛耳，經蔡先生之介識，詩酒留連，揮
毫作畫，歎為奇才；乃相率揄揚，被聘任上海美術
專門學校國畫系主任，時為民國十四年，鄭先生虛
齡僅二十四歲，乃謙誠地邀聘馬孟容、馬公愚、張
善孖、張大千、諸樂三、諸聞韻三家兄弟同任教
席、以堅學子之始基，傳為上海美專之佳話，也因
此培養出不少傑出畫士人才。

二十五歲得識皖中九代名醫宋幼庵，遂執弟子
禮，朝夕聞道，盡得真傳，而後成為國醫聖手，並
當選為全國中醫公會理事長及膺選為中醫師公會產
生之國民大會代表。

二十七歲在滬從太極大師楊澄甫習拳，經年得
其大要，時楊夫人臥病幾殆，群醫束手，得鄭先生
處心診治，終告痊癒，楊師感其恩，乃將拳、劍要
訣悉心傳付，浸淫若干年。

二十九歲與黃賓虹創辦中國文藝學院，自任副

院長；三十歲初，摒棄一切教職，從陽湖國學大師錢名山攻經史，足不出寄園凡三年，由是窮理研幾，忘心入道。

三十七歲任湖南省政府諮議，兼省國術館長，規定每兩個月調派全省各縣國術館長及教官四十人，授以太極拳課，但因學習時間不敷，乃刪減老架之復式，求其精要為三十七式，名之謂「鄭子簡易太極拳」，如此因時制宜，便於傳習，決非矜奇立異也。入渝後，曾任教於中央軍官學校及重慶中央訓練團。

民國三十四年，抗戰勝利復員，民國三十五年因他被膺選為國大代表，準備投票選舉總統，而待在南京，便延請張欽霖來京切磋太極拳，並師事之以習左家內功心法。迄四十八歲攜眷遷臺，應當時台北市長游彌堅先生之邀請，創設時中學社於台北市中山堂頂樓。六十三歲赴美，設立太極拳研究社，廣授生徒。

綜觀鄭師一生，擅有五藝之長，著作等身，悉以弘揚中華文化為本旨，蓋博覽群經，深悟哲理，天人冥合，對事物之窮究，若挈裘領，以一馭萬，乃一代奇才，且著作等身：

於書畫有：鄭曼青畫、集曼髯寫意、鄭曼青書畫集、曼髯（詩書畫）三論；

於醫有：女科心法、談癌八要、骨科精微；

　　於國學有：老子易知解、學庸新解、人文淺說、性本論、論語釋旨、易全；

　　於太極拳有：《鄭子太極拳十三篇》太極拳（英文本）《鄭子太極拳自修新法》太極（英文本）。

　　皆屬融會貫通，獨抒創見之作。不獨是太極同道之光輝，亦吾中國人之賢哲耳。

　　　　　　　參考姚孟谷鄭曼青先生事略

先師吳國忠宗師事略

　　先師吳國忠浙江平陽人，生於民國二十一年六月二十一日，祖父振善公，秀才出身，能文能武；父作啟公為平陽仕紳，經營飯店為業，亦為著名武師，兼任地方消防隊長。在一次救火行動中，受重傷，因久治不癒，而致家道逐漸中落。先師出身此武術世家，耳濡目染之下，自小喜舞槍弄棒。

　　七歲入學，九歲正式隨父習武，十三歲時，因家道逐漸中落，須於課餘於街頭叫賣，或幫拉車，賺錢補貼家用，十五歲曾入伍當兵一年，回鄉後逢父喪，無錢葬父，乃代人當兵換取資金葬父，在軍中，隨即參予上海保衛戰，失利後隨軍登上貨輪轉進臺灣。從此，他鄉變故鄉，為國民政府保衛臺灣而戰，加入兩棲部隊，戰技出眾升任蛙人隊長，屢次率隊突擊大陸沿海，因此，積功榮膺國軍英雄。

　　先師於民國四十九年與師母翁阿香女士共結連理，婚後育有一子三女。民國五十一年因傷病退伍，轉任公職。

　　民國六十年，鄭曼青大師自美返台，在立法院第四會議室演講時，先師發言質疑太極拳發勁打人的真假，旋受邀至鄭公私邸印證，先師以年輕力壯

與深厚家學及九年蛙人搏鬥的功夫，居然慘敗於垂暮老年的鄭曼青大師，當即設香堂叩首拜師，從此誠心追隨於鄭公門下，甚至辭卸公職，專心習拳。近五年後鄭公返歸道山，乃創立神龍武道館，開啟播授太極之路。

民國六十五年，先師受獅子會之邀，北渡日本，屢敗日軍高手，名震東瀛。載譽回國後，從學者眾。民國七十年，赴美弘道，並撰著《太極拳道幾》一書，出版問世。民國七十四年自美返臺，澆灌臺灣的太極園地，並巡遊星、馬、印尼，推廣太極文化，並在海內外開創神龍太極學會，鼓動海內外研習太極學術風潮。

民國七十八年，因緣湊合，遠赴澳大利亞開疆拓土，並移居雪梨，使中華太極文化在澳土開花。其間不忘祖國，臺澳兩邊奔跑教學，至民國九十年，在臺灣弟子協助下，購地創建神龍太極山莊於苗栗，做為臺灣弟子教學之所，並於此成立國際神龍太極學會總部。每年在山莊或舉辦國際神龍日、或國際神龍幹部儲訓活動，聚集臺、馬、星、印尼、汶來、美、加、澳、紐、英及大陸的神龍愛好者於一堂，共研同參，盛況非凡。

先師受業於鄭公時，鄭公謂：所授乃係楊家正統太極拳與道家內功結合之道家傳統太極拳，並稱其道家源流乃係由張欽霖（註：在楊家張欽霖和鄭

公是同門師兄弟；在道家張欽霖是鄭公老師）所傳
的左萊蓬祖師的道家功夫；又謂：左萊蓬祖師修行
於山西太原東門城外的三清觀。依此線索，經先師
率弟子多次訪尋，終於民國一百零三年尋獲已傾圮
廢棄的三清觀。之後，前往三清觀探訪的神龍弟
子，不絕於途，除探訪之外，並測繪其中的主體建
築三清閣，複製於臺灣苗栗的神龍太極山莊，了卻
了先師生平大願。

　　民國一百零五年六月二十六日，因積勞成疾，
魂歸道山，結束了坎坷又精彩的一生。

　　　　　　　　　替德弟子謝進富敬撰

作者簡介

　　謝進富臺灣苗栗人，生於民國39年4月10日，長庚科大研究所肄業。27歲結婚，育有三子，皆已成家，各自有良好工作。於104年4月30日自中山科學研究院退休。現居桃園市平鎮區。

　　約民國76年開始向林木火先生學習鄭子太極拳，三年多後再向神龍學會的黃錦郎先生學習道家傳統太極拳，再於民國80年經黃錦郎先生介紹，拜神龍太極學會的創辦人吳國忠老師為入門弟子，精研道家傳統太極拳，研習至今不輟。於老師八十大壽之時，被立為替德弟子。

　　目前是中華神龍學會常務理事兼教練。道家傳統太極拳是鄭大師曼青所傳，結合楊家正統太極拳與左（道士）家內功心法的道家內功太極拳。在吳老師的推廣之下，現已遍傳美、加、澳、英、星、馬、印尼及大陸等地。而台灣是國際神龍太極學會的大本營，在苗栗造橋鄉設有神龍太極山莊，傳習道家傳統太極拳，每年都有世界各地眾多同門前來聚會並研習。

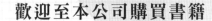

歡迎至本公司購買書籍

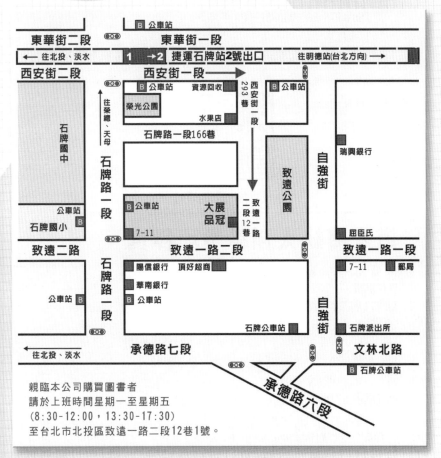

親臨本公司購買圖書者
請於上班時間星期一至星期五
(8：30－12：00，13：30－17：30)
至台北市北投區致遠一路二段12巷1號。

建議路線
1.搭乘捷運
　　淡水信義線石牌站下車，由月台上二號出口出站，二號出口出站後靠右邊，沿著捷運高架往台北方向走(往明德站方向)，其街名為西安街，約80公尺後至西安街一段293巷進入(巷口有一公車站牌，站名為自強街口，勿超過紅綠燈)，再步行約200公尺可達本公司，本公司面對致遠公園。

2.自行開車或騎車
　　由承德路接石牌路，看到陽信銀行右轉，此條即為致遠一路二段，在遇到自強街(紅綠燈)前的巷子左轉，即可看到本公司招牌。

國家圖書館出版品預行編目資料

道家傳統太極拳拳理釋真／謝進富 編著
－初版－臺北市，大展，2021〔民110.01〕
　　面；21公分－（武學釋典；47）
　　ISBN 978-986-346-319-1（平裝）
　　1.太極拳
528.972　　　　　　　　　　　　　　109017685

道家傳統太極拳拳理釋真

編 著 者／謝 進 富
責任編輯／艾 力 克
發 行 人／蔡 森 明
出 版 者／大展出版社有限公司
社　　　址／台北市北投區（石牌）致遠一路2段12巷1號
電　　　話／(02) 28236031・28236033・28233123
傳　　　真／(02) 28272069
郵政劃撥／01669551
網　　　址／www.dah-jaan.com.tw
E-mail／service@dah-jaan.com.tw
登 記 證／局版臺業字第2171號
承 印 者／傳興印刷有限公司
裝　　　訂／佳昇興業有限公司
排 版 者／千兵企業有限公司
初版1刷／2021年（民110）1月

定　價／450元

大展好書　好書大展
品嘗好書　冠群可期

大展好書　好書大展

品嘗好書　冠群可期